双循环下的
基础设施高质量投资研究

李振军 著

燕山大学出版社
·秦皇岛·

图书在版编目（CIP）数据

双循环下的基础设施高质量投资研究 / 李振军著
. — 秦皇岛：燕山大学出版社，2023.8
　ISBN 978-7-5761-0547-6

Ⅰ．①双… Ⅱ．①李… Ⅲ．①基础设施－投资－研究
Ⅳ．①F294

中国国家版本馆CIP数据核字(2023)第123039号

双循环下的基础设施高质量投资研究
SHUANGXUNHUAN XIA DE JICHU SHESHI GAOZHILIANG TOUZI YANJIU

李振军　著

出 版 人：陈　玉			
责任编辑：柯亚莉		封面设计：吴　波	
责任印制：吴　波		排　　版：保定万方数据处理有限公司	
出版发行：燕山大学出版社		地　　址：河北省秦皇岛市河北大街西段438号	
邮政编码：066004		电　　话：0335-8387555	
印　　刷：英格拉姆印刷（固安）有限公司		经　　销：全国新华书店	
开　　本：710mm×1000mm　1/16		印　　张：14.25	字　　数：160千字
版　　次：2023年8月第1版		印　　次：2023年8月第1次印刷	
书　　号：ISBN 978-7-5761-0547-6			
定　　价：56.00元			

版权所有　侵权必究
如发生印刷、装订质量问题，读者可与出版社联系调换
联系电话：0335-8387718

前　言

目前我国正处在构建以国内大循环为主体、国内国际双循环相促进的新发展格局的重要历史时期。双循环新发展格局和高质量发展战略都是基于目前我国经济社会发展的阶段性特征提出的，而且二者又有着密切的联系，同属习近平经济思想的重要组成部分。所以构建双循环新发展格局的过程必然是一个高质量发展的过程，双循环必然是高质量的循环。《中共中央关于制定国民经济和社会发展第十四个五年规划和二〇三五年远景目标的建议》中的"十四五"时期经济社会发展指导思想部分便明确提出，在"十四五"时期，在双循环的新发展格局下，我国仍要坚定不移地贯彻创新、协调、绿色、开放、共享的新发展理念，坚持稳中求进工作总基调，以推动高质量发展为主题，以深化供给侧结构性改革为主线。

高质量发展自然也包括高质量的投资，所以作为投资重要组成部分的基础设施投资必然也需要保持高质量。在高质量发展阶段，投资必须是高质量的投资。从"十四五"规划可看出，基础设施，特别是"两新一重"中的新型基础设施将是未来数年我国投资的一个重点领域，所以基础设施投资必须要提高投资质量。

基础设施投资的高质量性也对双循环新发展格局的构建有重要意义。"十四五"规划指出：要把实施扩大内需战略同深化供给侧结构性改革有机结合起来，以创新驱动、高质量供给引领和创造新需求，形成需求牵引供给、供给创造需求的更高水平的动态平衡。基础设施投资不但是扩大内需的一个手段，更是促进国民经济供给结构改革的重要基础，可以促进供给和需求间的良性互动以形成高水平的动态平衡。同时，我国的对外基础设施投资，即外循环下的基础设施投资也需要向高质量发展方面转型。从长远来看，我国低成本的优势和资源的优势都将减弱，必须凭借高质量的投资才能应对国际市场的激烈竞争。在 2021 年底的中央经济工作会议上，我国首次提出了"三重压力"的概念，而应对"三重压力"的举措之一就是适度超前开展基础设施投资。同时这次会议也重申了坚持高质量发展的理念。

　　双循环是我国近年提出的一个较新的表述，包含丰富、宏大的内容，所以目前无论从理论研究还是实践探索来看都有很多需要深化的方面。例如，双循环是供给和需求相互作用、相互促进的一个首尾相连的封闭循环体系，那么，要有效地促进双循环，从哪些地方入手比较有效率呢？基础设施投资可以是一个比较好的选择，不但可以拉动短期投资需求，还可以促进消费和长期的供给结构调整。在目前向高质量发展阶段转向的时期，依据相关理论和国际经验，投资的贡献将逐渐减弱，经济增长将主要依靠全要素生产率的提高和消费需求的拉动。这意味着，包括基础设施投资在内的传统投资结构和投资量必须做出实质性的调整。2022 年 4 月 26 日，习近平总书记主持召开了中央财经委员会第十一次会议，研究了全面加强基础设施建设的问题。习近平在这次会议上的讲话实际上指出了基础设施建设高质量发展的基本要求。虽然很多研究都表明基础设施投资可能会存在着一种投资困境，但国内外的一些相关经验也表明这种困境是可以被突破的。

近年来学术界对高质量发展已有大量研究，但主要是高质量供给方面的探讨，对高质量需求、高质量投资、高质量基础设施投资的分析都明显偏少；对高质量发展的内涵和标准等的界定主要是针对高质量发展整体而言的，对具体领域的高质量发展的讨论还很不足；对双循环的研究也已有很多，但将其与基础设施投资相联系的研究尚很少见；对基础设施投资已有了很多研究，但对双循环下基础设施投资效应的综合分析尚显不足。本书在学术界已有研究的基础之上，对双循环新发展格局背景下的基础设施高质量投资的内涵和标准进行了创新性的界定。本书所界定的基础设施高质量投资的内涵和标准是通过理论推导和经验归纳综合得出的。通过分析一些典型案例发现，我们界定的基础设施高质量投资的内涵和标准是可以比较成功地解释这些案例的。

在对双循环下基础设施高质量投资的内涵和标准进行界定的基础之上，本书又主要以经济性基础设施产业中的电信业和社会性基础设施产业中的养老保障业为例对上述基础设施高质量投资的标准和主要影响因素进行了具体的分析，并给出了系统性的对策建议。

目 录

第一章 双循环与基础设施高质量投资 …………………… 1
  第一节 高质量基础设施投资与双循环的畅通 …………… 1
    一、目前的新一轮基础设施投资 ………………………… 1
    二、经济增速放缓期的基础设施投资困境 ……………… 4
    三、基础设施高质量投资可促进双循环畅通 …………… 6
  第二节 "三重压力"的应对与高质量基础设施投资 ……… 12
    一、"三重压力"与双循环密切相关 …………………… 12
    二、高质量基础设施投资可缓解"三重压力" ………… 13
  第三节 相关研究述评 ………………………………………… 15
    一、相关研究概述 ………………………………………… 15
    二、简要评述 ……………………………………………… 19

第二章 内循环下基础设施高质量投资的主要特征 ……… 21
  第一节 基础设施高质量投资内涵和标准的界定 ………… 21
    一、内涵的界定 …………………………………………… 21
    二、标准的界定 …………………………………………… 22
  第二节 基础设施高质量投资的宏观标准 ………………… 23
    一、宏观标准的基础 ……………………………………… 24
    二、宏观标准的核心要求 ………………………………… 26

三、包容性增长与农村基础设施投资 …………………………… 30
第三节 基础设施高质量投资的中观和微观标准 ………………… 35
一、中观标准 ……………………………………………………… 35
二、微观标准 ……………………………………………………… 41
第四节 三重标准的综合分析 ……………………………………… 42

第三章 内循环下基础设施投资质量的主要影响因素 ………… 44
第一节 宏观投资质量的主要影响因素分析 ……………………… 44
一、中观因素 ……………………………………………………… 44
二、宏观因素 ……………………………………………………… 52
三、微观因素 ……………………………………………………… 55
第二节 中观投资质量的主要影响因素分析 ……………………… 56
一、中观因素 ……………………………………………………… 56
二、微观和宏观因素 ……………………………………………… 77
第三节 微观投资质量的主要影响因素分析 ……………………… 77
一、企业公司治理结构 …………………………………………… 78
二、产权因素 ……………………………………………………… 82
三、政府规制 ……………………………………………………… 87
四、宏观和中观因素 ……………………………………………… 90

第四章 外循环下的高质量基础设施投资 ……………………… 91
第一节 外循环下的基础设施投资概况 …………………………… 91
一、我国的对外直接投资发展状况 ……………………………… 91
二、我国对外基础设施投资状况 ………………………………… 93
三、我国在"一带一路"的基础设施投资 ……………………… 94
第二节 对外基础设施高质量投资：以"一带一路"为例 … 100

  一、我国在"一带一路"基础设施投资的质量 …………… 100
  二、"一带一路"基础设施高质量投资路径 …………… 105

第五章　基础设施高质量投资的政府对策 …………… 113
第一节　以兼顾长、短期经济增长为目标 …………… 113
  一、双循环下长、短期经济增长间的矛盾 …………… 113
  二、基础设施投资可兼顾长、短期经济增长 …………… 114
第二节　引导和支持社会资本参与基础设施投资 …………… 118
  一、政府可促进社会资本进入基础设施领域 …………… 118
  二、以养老服务业为例的社会性基础设施投资分析 …………… 119
第三节　增加农村地区的基础设施投资 …………… 133
  一、基础设施投资有利于农村发展和农民增收 …………… 133
  二、以社会保障为例的社会性基础设施投资分析 …………… 134
  三、增加改善农村消费环境的基础设施投资 …………… 136
第四节　合理调整政府规制方式 …………… 137
  一、基础设施产业的特征与政府规制 …………… 137
  二、国外放松基础设施产业市场准入规制的原因 …………… 139
  三、我国基础设施产业市场准入规制分析 …………… 145

第六章　基础设施高质量投资的产业对策 …………… 148
第一节　以有效供给为目标 …………… 148
第二节　基础设施投资方向的调整 …………… 150
  一、控制经济性基础设施的投资量 …………… 150
  二、加强短缺种类的基础设施供给能力 …………… 153
  三、加大社会性基础设施投资 …………… 154
第三节　基础设施投资主体的调整 …………… 156

第四节　降低垄断性基础设施产业的不合理收入 …… 159
　　一、以促进市场竞争为途径 …… 160
　　二、以适度民营化为途径 …… 162
　　三、以完善国有企业公司治理结构为前提 …… 163
第五节　保持基础设施产业国有经济的控制力 …… 165
　　一、我国基础设施产业的国有经济控制问题 …… 165
　　二、我国基础设施产业保持国有经济控制的原因 …… 167
　　三、国企的良好绩效需以竞争和适度民营化为前提 …… 173
第六节　促进相关产业的全要素生产率提升和结构升级 …… 174
　　一、有效提升相关产业的全要素生产率 …… 174
　　二、促进相关产业的结构升级 …… 177
第七节　合理布局基础设施产业投资 …… 179
　　一、加大农村等落后地区的基础设施投资 …… 179
　　二、完善现有基础设施网络 …… 183
　　三、以区域协调为基础进行基础设施投资 …… 184

第七章　基础设施高质量投资的企业对策 …… 189
第一节　完善基础设施投资企业公司治理结构 …… 189
　　一、完善公司内部的激励和约束机制 …… 189
　　二、规范政府对国有控股企业的干预行为 …… 192
第二节　以电信业为例的股权多元化分析 …… 193
　　一、保持国有资本的控股地位是前提 …… 193
　　二、向社会出售合理比例的股份 …… 195
　　三、促进竞争和分权应先于民营化 …… 197
第三节　完善市场结构增强企业外部约束 …… 199

主要参考文献 …… 201

第一章　双循环与基础设施高质量投资

第一节　高质量基础设施投资与双循环的畅通

我国目前正在构建以内循环为主，内外循环相互促进的双循环新发展格局。这一新发展格局的主要特征可以看作是在以往的供给侧结构性改革和高质量发展的基础之上，进一步强调了需求管理的重要性，力图使供给与需求相互促进，内外循环紧密联系，形成更高水平的动态平衡。既然双循环是在高质量发展基础上的进一步发展，那么在双循环新发展格局下仍然要坚持高质量发展这一主题，也就是说，既要有高质量的供给，又要有高质量的需求，形成高质量供给创造和引领高质量需求，高质量需求牵引高质量供给的良性互动循环。

一、目前的新一轮基础设施投资

综合目前学术界的普遍看法，基础设施可分为经济性基础设施和社会性基础设施（世界银行较早地进行了这种划分）。经济性基础设施主要包括以下几类：一、公共设施，主要包括电力、电信、自来水、卫生设施、管道煤气以及排污和固体废物的收集与处理；

二、公共工程，主要包括道路、大坝和灌溉及排水用渠道工程；三、交通设施，主要包括城市与城市间铁路、城市公共交通、港口、航道和机场①。社会性基础设施主要包括教育、医疗和社会福利等。

2022年4月26日，习近平总书记主持召开了中央财经委员会第十一次会议，研究了全面加强基础设施建设的问题。习近平强调，基础设施是经济社会发展的重要支撑，要统筹发展和安全，优化基础设施布局、结构、功能和发展模式，构建现代化基础设施体系，为全面建设社会主义现代化国家打下坚实基础②。这实际上指出了接下来一段时期基础设施建设高质量发展的基本要求，也为基础设施高质量投资指明了方向。

在这新一轮基础设施建设的意义方面，此次会议指出，党的十八大以来，我国在重大科技设施、水利工程、交通枢纽、信息基础设施、国家战略储备等方面取得了一批世界领先的成果，基础设施整体水平实现跨越式提升。同时，必须认识到，我国基础设施同国家发展和安全保障需要相比还不适应，全面加强基础设施建设，对保障国家安全、畅通国内大循环、促进国内国际双循环，扩大内需，推动高质量发展，都具有重大意义。可见，此次新一轮基础设施投资对促进双循环、拉动内需和推动高质量发展都有重要意义。

高质量发展是以新发展理念为指导，强调效率与公平有机结合的新发展路径。高质量投资自然也要符合高质量发展的基本要求。从本次会议的相关表述来看，本轮基础设施建设也是鲜明地体现了

---

① 世界银行：《1994年世界发展报告：为发展提供基础设施（中文版）》，北京：中国财政经济出版社，1994年版，第2页。

② 新华网：《习近平主持召开中央财经委员会第十一次会议》，https://www.ccps.gov.cn/xtt/202204/t20220426_153733.shtml。

高质量发展要求的。本次会议指出，当前和今后一个时期，要坚持以人民为中心的发展思想，坚持问题导向、目标导向，统筹发展和安全，系统谋划、整体协同，精准补短板、强弱项，优化基础设施布局、结构、功能和发展模式，调动全社会力量，构建现代化基础设施体系，实现经济效益、社会效益、生态效益、安全效益相统一，服务国家重大战略，支持经济社会发展，为全面建设社会主义现代化国家打下坚实基础。要立足长远，强化基础设施发展对国土空间开发保护、生产力布局和国家重大战略的支撑，加快新型基础设施建设，提升传统基础设施水平。要适度超前，布局有利于引领产业发展和维护国家安全的基础设施，同时把握好超前建设的度。要科学规划，贯彻新发展理念，立足全生命周期，统筹各类基础设施布局，实现互联互通、共建共享、协调联动。要多轮驱动，发挥政府和市场、中央和地方、国有资本和社会资本多方面作用，分层分类加强基础设施建设。要注重效益，既要算经济账，又要算综合账，提高基础设施全生命周期综合效益。

在具体举措方面，本次会议指出，要加强交通、能源、水利等网络型基础设施建设，把联网、补网、强链作为建设的重点，着力提升网络效益。加快建设国家综合立体交通网主骨架，加强沿海和内河港口航道规划建设，优化提升全国水运设施网络。发展分布式智能电网，建设一批新型绿色低碳能源基地，加快完善油气管网。加快构建国家水网主骨架和大动脉，推进重点水源、灌区、蓄滞洪区建设和现代化改造。要加强信息、科技、物流等产业升级基础设施建设，布局建设新一代超算、云计算、人工智能平台、宽带基础网络等设施，推进重大科技基础设施布局建设，加强综合交通枢纽及集疏运体系建设，布局建设一批支线机场、通用机场和货运机场。

要加强城市基础设施建设，打造高品质生活空间，推进城市群交通一体化，建设便捷高效的城际铁路网，发展市域（郊）铁路和城市轨道交通，推动建设城市综合道路交通体系，有序推进地下综合管廊建设，加强城市防洪排涝、污水和垃圾收集处理体系建设，加强防灾减灾基础设施建设，加强公共卫生应急设施建设，加强智能道路、智能电源、智能公交等智慧基础设施建设。要加强农业农村基础设施建设，完善农田水利设施，加强高标准农田建设，稳步推进建设"四好农村路"，完善农村交通运输体系，加快城乡冷链物流设施建设，实施规模化供水工程，加强农村污水和垃圾收集处理设施建设，以基础设施现代化促进农业农村现代化。要加强国家安全基础设施建设，加快提升应对极端情况的能力[1]。

二、经济增速放缓期的基础设施投资困境

实际上，虽然有高质量发展的要求，但双循环下我国基础设施投资特征的转变却并非易事。几年前，因为经济增长的持续低迷，我国政府就已经开始规划新一轮的基础设施投资了。2018年7月份的中央政治局会议就已提出当时深化供给侧结构性改革的重点为"补短板"，而"补短板"的主要内容之一就是要继续增加基础设施领域的投资。不过，我国政府在规划那一轮基础设施投资时也考虑到了高质量发展的要求。例如，2018年9月份国家发改委就"加大基础设施等领域补短板力度以稳定有效投资"问题举行新闻发布会时就提出要切实发挥投资对优化供给结构的关键性作用，稳定有效

---

[1] 新华网：《习近平主持召开中央财经委员会第十一次会议》，https://www.ccps.gov.cn/xtt/202204/t20220426_153733.shtml。

投资。可是，一些国内外经验表明，如果处理不当，这类的基础设施投资很有可能会陷入困境。具体一点说，基础设施投资的两个主要目标——拉动短期的需求和促进长期的供给结构优化——往往不能同时达到，有时甚至一个都达不到。这是因为这两个目标之间往往存在着一定的矛盾，而且本身都不是很容易达到，特别是后一个。例如，一般都认为，10年前我国应对2008年金融危机的"4万亿投资"（其中一个重要组成部分就是基础设施投资）虽然对短期需求有一定的拉动作用，但对长期经济增长和结构调整却没有明显的促进作用，甚至可能产生了负面影响。再如，20世纪90年代日本为应对经济衰退而实施的以生产性基础设施投资为主的大量公共投资也没有显著促进长期的增长和结构优化，甚至短期的需求拉动作用也不够理想。而且这种困境更为严重的可能表现是，短期的政府外生刺激会影响长期的经济内生发展能力，从而导致在未来的多个"短期"中政府都不得不干预性刺激经济，而这反过来更进一步和长期性地影响了经济的内生发展能力，形成了恶性循环。

那么，我国这新一轮"补短板"性质的基础设施投资如何才能够兼顾拉动需求和促进供给结构优化两个目标，从而化解这种投资困境呢？目前对这一问题的相关研究仍显不足，而且存在着明显的争议。事实上，尽管近年来对供给侧结构性改革和高质量发展的相关研究浩如烟海，但关于基础设施这一重要领域供给侧结构性改革和高质量发展的研究却很少见。本书将以高质量发展为背景，结合日、韩等国家的相关经验和我国现阶段基础设施产业的基本特征，分析通过调整基础设施投资来同时拉动需求和优化供给结构以化解投资困境的有效途径。我们认为，总的来说这需要有效调整基础设施的投资结构和提高投资效率。

三、基础设施高质量投资可促进双循环畅通

总的说来，基础设施投资一直都是一个备受争议的话题，虽然在过去几十年我国的经济发展过程中它曾起过重要的促进作用，但很多研究同时发现它对经济发展也产生过很多不利的影响。尽管如此，在双循环新发展格局下仍要保持必要量的基础设施投资。当然，基础设施投资的质需要同时提高，也就是必须要进行高质量投资。

（一）基础设施投资可从供求两个方面同时促进双循环

双循环是供给和需求相互适应、相互促进的良性互动过程。"十四五"规划在"形成强大国内市场，构建新发展格局"部分就明确提出要"畅通国内大循环。依托强大国内市场，贯通生产、分配、流通、消费各环节，打破行业垄断和地方保护，形成国民经济良性循环。优化供给结构，改善供给质量，提升供给体系对国内需求的适配性"。而基础设施投资可以从需求和供给两方面同时促进双循环，而且可以促进供给和需求之间的相互适应和良性互动。

在双循环的新发展格局下，从短期来看，扩大内需是一个紧迫的任务。关于扩大内需及其对双循环新发展格局的意义，"十四五"规划也有相关表述。例如"十四五"规划在"形成强大国内市场，构建新发展格局"部分就明确提出"坚持扩大内需这个战略基点，加快培育完整内需体系，把实施扩大内需战略同深化供给侧结构性改革有机结合起来，以创新驱动、高质量供给引领和创造新需求"。基础设施投资作为"十四五"时期投资内需的一个重要组成部分也被"十四五"规划所明确强调。"十四五"规划在"形成强大国内市场，构建新发展格局"部分具体指出要"拓展投资空间。优化投

资结构,保持投资合理增长,发挥投资对优化供给结构的关键作用。加快补齐基础设施、市政工程、农业农村、公共安全、生态环保、公共卫生、物资储备、防灾减灾、民生保障等领域短板,推动企业设备更新和技术改造,扩大战略性新兴产业投资。推进新型基础设施、新型城镇化、交通水利等重大工程建设,支持有利于城乡区域协调发展的重大项目建设。实施川藏铁路、西部陆海新通道、国家水网、雅鲁藏布江下游水电开发、星际探测、北斗产业化等重大工程,推进重大科研设施、重大生态系统保护修复、公共卫生应急保障、重大引调水、防洪减灾、送电输气、沿边沿江沿海交通等一批强基础、增功能、利长远的重大项目建设。发挥政府投资撬动作用,激发民间投资活力,形成市场主导的投资内生增长机制"。在总需求的"三驾马车"中,投资对双循环有着格外重要的意义,因为投资一方面是需求的重要组成部分(特别是就短期而言),另一方面又直接形成新的供给能力,可以同时影响供给和需求,所以也就对双循环有着独特的重要意义。

如前言中所说,双循环是近年提出的对我国目前经济发展格局基本特征进行判断的一个较新的表述,目前无论从理论还是实践来看都有很多需要深化研究的方面。例如,双循环是供给和需求相互作用、相互促进的一个首尾相连的封闭循环体系,那么,要有效地促进双循环,从哪里入手比较好呢?一般认为,在双循环中,供给仍然是主要的方面,但在短期,需求方面的投资则是相对比较容易拉动的,而且更重要的是,如"十四五"规划所述,投资还可以在优化供给结构方面发挥关键作用。所以,投资可以是有效促进双循环的一个切入口。

基础设施投资一直是备受争议的一种投资行为。这主要是因为,一方面，基础设施投资在总投资，特别是政府投资中通常占有显著的比重，所以经常被视为在短期内（特别是经济处于下行时期）快速拉动经济增长的一个重要手段；另一方面，基础设施投资（特别是政府在这方面的投资）又往往被认为是可能导致资源错配，甚至阻碍供给结构调整的一种行为。但国内外的一些相关经验也表明，有些基础设施投资行为却能够突破上述困境，在拉动短期需求的同时比较成功地促进了供给结构调整，从而促进了长期的经济增长。例如日本在类似于我国目前的发展阶段，即"跨越中等收入陷阱"前后的一部分基础设施投资行为就曾较好地同时促进了长、短期经济增长。我国在过去几十年的基础设施投资过程中也曾有过比较成功的例子。可见，基础设施投资可以同时作用于供给和需求，进而比较有效地同时促进并影响短期和长期的经济增长。因此，在双循环的新发展格局下，包括国家明确推进的新型基础设施在内的基础设施投资必须是高质量的投资，否则将影响双循环的效率和国民经济整体发展的质量。

（二）基础设施投资可以通过完善现代产业体系来促进双循环

高质量的基础设施产业是现代产业体系的重要组成部分，我国在双循环发展阶段完善现代产业体系仍需要继续增加基础设施投资。《中共中央关于制定国民经济和社会发展第十四个五年规划和二〇三五年远景目标的建议》中的"加快发展现代产业体系，推动经济体系优化升级"部分就提出要"统筹推进基础设施建设。构建系统完备、高效实用、智能绿色、安全可靠的现代化基础设施体系。系统布局新型基础设施，加快第五代移动通信、工业互联网、大数据中心等建设。加快建设交通强国，完善综合运输大通道、综合交通枢纽和物流网络，加快城市群和都市圈轨道交通网络化，提高农村和边境地区交通通达深度。推进能源革命，完善能源产供储销体系，加强国内油气勘探开发，加快油气储备设施建设，加快全国干线油气管道建设，建设智慧能源系统，优化电力生产和输送通道布局，提升新能源消纳和存储能力，提升向边远地区输配电能力。加强水利基础设施建设，提升水资源优化配置和水旱灾害防御能力"。

(三) 双循环需要高质量的基础设施投资

1. 双循环下的发展依然是高质量发展

双循环是在高质量发展战略下的一部分，所以双循环下的发展必然是高质量发展，双循环时期我国仍要继续全面推进高质量发展。《中共中央关于制定国民经济和社会发展第十四个五年规划和二〇三五年远景目标的建议》中的"十四五"时期经济社会发展指导思想部分就指出，在"十四五"时期，在双循环的新发展格局下，我国仍要坚定不移贯彻创新、协调、绿色、开放、共享的新发展理念，坚持稳中求进工作总基调，以推动高质量发展为主题，以深化供给侧结构性改革为主线，以改革创新为根本动力，以满足人民日益增长的美好生活需要为根本目的，统筹发展和安全，加快建设现代化经济体系，加快构建以国内大循环为主体、国内国际双循环相互促进的新发展格局。在"十四五"时期经济社会发展必须遵循的原则部分也明确提出要把新发展理念贯穿发展全过程和各领域，构建新发展格局，切实转变发展方式，推动质量变革、效率变革、动力变革，实现更高质量、更有效率、更加公平、更可持续、更为安全的发展。在"加快发展现代产业体系，推动经济体系优化升级"部分也明确提出要坚持把发展经济着力点放在实体经济上，坚定不移建设制造强国、质量强国、网络强国、数字中国，推进产业基础高级化、产业链现代化，提高经济质量效益和核心竞争力。

2. 双循环下的基础设施投资必须是高质量投资

高质量发展是一个全面性的概念，必然包括高质量的投资。所以作为投资重要组成部分的基础设施投资必然也需要保持高质量。在高质量发展阶段，投资必须是高质量的投资，否则，不但会在需求方面导致资源配置的低效浪费，还会在供给方面通过阻碍供给结构调整等途径影响供给的高质量发展。高质量投资首先是投资领域的合理选择，在这方面，"十四五"规划等已有明确表述。从"十四五"规划可看出，基础设施，特别是"两新一重"中的新型基础设施将是未来数年我国投资的一个重点领域。其次，高质量投资意味着在投资领域既定的前提下每一领域的投资也必须是高质量的。

我国经济已由高速增长阶段转向高质量发展阶段，正处在转变经济增长方式和优化经济结构的关键时期。在这一时期，基础设施投资规模和方式的有效调整具有十分重要的意义。众所周知，改革开放以来中国经济的高速增长主要源于高投资及出口的推动，而高投资的一个主要组成部分就是基础设施投资。但在目前向高质量发展阶段转向的时期，依据相关理论和国际经验，投资的贡献将逐渐减弱，经济增长将主要依靠全要素生产率的提高和消费需求的拉动。这意味着，包括基础设施投资在内的传统投资结构和投资量必须做出实质性的调整。可以说，现阶段基础设施投资的调整在一定意义上会深刻影响我国经济未来高质量发展的"质量"和现阶段的经济增长方式转变能否成功。

同时，我国的对外基础设施投资，即外循环下的基础设施投资也需要向高质量发展方面转型。从短期来看，我们还可以凭借低成本和资源优势来支撑国际领域的基础设施投资竞争，但从长远来看，低成本的优势和资源的优势都将减弱，我们需要凭借高质量的投资来应对国际市场的竞争，而且高质量的投资也是有效参与国际合作的一条重要途径。2018年8月，习近平总书记在推进"一带一路"建设工作五周年座谈会上发表重要讲话时指出：推动共建"一带一路"向高质量发展转变，这是下一阶段推进共建"一带一路"工作的基本要求。2019年4月，在第二届"一带一路"国际合作高峰论坛上，习近平总书记又强调我们将继续推进陆上、海上、空中、网上互联互通，建设高质量、可持续、抗风险、价格合理、包容可及的基础设施。

高质量发展在双循环的供给方面的主要体现可以看作是有效供给。供给侧结构性改革的目标实际上是提供有效供给。双循环仍属于经济新常态，经济新常态与供给侧结构性改革有密切、直接的联系，推进供给侧结构性改革是适应和引领经济发展新常态的重大创新。供给侧结构性改革可以看作是以有效供给为目标的一次系统性的结构性改革，因为供给侧结构性改革要从生产领域加强优质供给，减少无效供给，扩大有效供给。就基础设施产业而言，我们认为这类产业的有效供给至少应该包括以下两层含义：第一，有效供给是与需求相适应的供给。由于这一产业的特殊性，对基础设施产业的需求可区分为短期需求和长期需求，而基础设施产业的有效供给就是与短期需求和长期需求协调后的总需求相适应的供给；第二，有效供给是在既定的需求下实现了资源最佳配置的供给。基础设施产业是整个国民经济运行的基础，是为国民经济高效发展服务的，而双循环和经济新常态是未来一段时期我国国民经济发展状况的代表性表述，所以双循环和经济新常态本身就可以代表未来一段时期对基础设施产业的需求。事实上，我国经济新常态的几个核心内容，如中高速经济增长、经济结构（产业结构、需求结构、区域结构、收入分配结构等）优化升级、创新驱动等，都与基础设施产业的发展密切相关。基础设施产业要实现有效供给，首先就要有有效的投资，也就是高质量的投资。高质量的投资是形成高质量供给的前提和基础。

第二节　"三重压力"的应对与高质量基础设施投资

在2021年底的中央经济工作会议上，我国首次提出：目前我国经济发展面临着需求收缩、供给冲击和预期转弱的"三重压力"。为了应对"三重压力"，中央提出了一系列举措，其中有一项就是要适度超前开展基础设施投资。同时这次会议也重申了坚持高质量发展的理念。

一、"三重压力"与双循环密切相关

其实，这次中央经济工作会议提出的"三重压力"与双循环有着密切和直接的联系，可以看作是双循环在短期内所表现出的部分问题。双循环是供给和需求互相促进的良性循环，从基本层面来看，主要需要处理的就是供给和需求的关系。而"三重压力"中的需求收缩反映的就是近几年我国总需求的特征。这主要是受新冠疫情、国际经济环境恶化和经济周期等多方面因素的影响所导致的。而且整个世界经济都处于需求收缩的状态，相对来说我国还是表现较为良好的。同时，"三重压力"中的供给冲击也反映了目前阶段我国总供给所遇到的重要问题。供给冲击同样与上述的新冠疫情、国际经

济环境恶化和经济周期等因素有关，只不过国际经济环境恶化的影响可能更大一些。第三重压力"预期转弱"也与供给和需求有直接关系。预期是企业投资需求的主要决定因素之一，也是影响居民消费需求的重要因素，与国际贸易有直接关联，所以直接影响甚至在一定程度上决定总需求。居民的消费需求和出口直接决定着企业的投资需求，从而决定着下一期的供给，所以预期也与供给密切相关。

二、高质量基础设施投资可缓解"三重压力"

为了应对"三重压力"，中央提出的一系列举措中就包含了比较引人注目的"适度超前开展基础设施投资"。之所以说引人注目，是因为我国的基础设施投资近些年来一直都是一个充满争议的问题，支持者认为它有力地促进了我国的经济增长，是经济增长不可或缺的必要因素；质疑者则认为过去的很多基础设施投资都是低效的，仅仅拉动了短期的经济增长，对长期经济增长促进作用不大，甚至还可能阻碍了长期经济增长。尽管对于基础设施投资存在着很多争议，但我们认为现阶段高质量的基础设施投资还是能够有效应对"三重压力"，从而促进双循环发展的。当然，高质量是关键，目前及以后的基础设施投资都必须是高质量的才能有效应对"三重压力"和促进双循环。下面我们先来简单分析一下"三重压力"与基础设施投资的关系。

（一）"三重压力"与基础设施投资的关系

首先来看需求收缩与基础设施投资的关系。众所周知，基础设施投资是直接投资需求的一个重要组成部分，一般在总投资中占有比较显著的地位。更重要的是，基础设施投资可以通过间接效应来促进其他领域的投资需求，从而有效扩大总需求。特别是从长期来看，基础设施投资的间接投资效应要明显大于直接投资效应。同时，基础设施投资所形成的基础设施可以通过完善消费环境和消费条件来有效促进消费需求，是消费需求的重要影响因素之一。另外，基础设施投资所形成的基础设施还可以通过节省交易成本等途径有效促进商品的出口和对外投资，进而促进总需求。

接下来我们再来看供给冲击与基础设施投资的关系。一般来说，供给冲击有正向的有利冲击，也有负向的不利冲击。"三重压力"中所包含的供给冲击自然是不利的冲击，主要是指近年来部分国际原材料、能源价格上涨和新冠疫情等所导致的部分行业生产成本的上升。但可以用正面的有利供给冲击来应对负面的不利供给冲击。正向的有利冲击主要是技术进步和制度改进等能提高生产率或降低生产成本的因素，而技术进步和制度改进等是可以通过高质量发展（投资）来促进的。我们可以通过高质量的基础设施投资来形成正向的有利供给冲击来应对负向的不利供给冲击。具体一点说，基础设施投资可以通过降低企业生产成本或提高其生产能力来产生有利的供给冲击，从而对冲疫情和原材料、能源价格上涨等不利供给冲击。

最后来看一下预期转弱与基础设施投资的关系。一方面，基础设施投资可以在一定程度上使经济景气，从而改善民众的预期；另一方面，也是更重要的，作为一种投资需要与民众的预期相协调，这样才能取得更好的投资效果。

（二）应对"三重压力"的基础设施投资必须是高质量的投资

当然，应对"三重压力"的基础设施投资必须是高质量的投资，否则是不能有效应对"三重压力"的，甚至可能会起反作用。一般来说，基础设施投资对经济增长的促进作用主要是通过间接效应，也就是带动其他产业的投资和消费的增长来拉动经济增长，特别是长期的经济增长。而直接投资效应主要对短期经济增长的作用比较明显，而且还是在基础设施投资量不足的情况下。过量的基础设施投资会对其他行业的投资和居民消费产生挤出效应。高质量的投资意味着基础设施投资对其他行业投资和居民消费的挤入效应大于挤出效应，从而能够增加总需求和促进经济增长。而且，基础设施投资对短期经济增长和长期经济增长的促进作用可能会存在冲突，高质量的基础设施投资还意味着能够兼顾短期和长期的经济增长。从目前我国的经济发展阶段和基础设施存量来看，也只有高质量的基础设施投资才能兼顾"三重压力"所要求的短期的经济增长需求和长期的结构调整需求，从而维持长期的经济增长。国内外的很多基础设施投资经验也证明了这一点。

第三节　相关研究述评

一、相关研究概述

（一）国内相关研究概述

传统基础设施投资的经济效应。一般研究都认为基础设施投资的经济增长效应显著为正（郭庆旺、贾俊雪，2006；张培丽、陈畅，2015；曹跃群等，2020；随洪光等，2022；徐宝亮等，2022），但对经济增长的贡献在逐渐递减（郑世林等，2014）。从区域角度来看，大部分研究都认为基础设施对发达地区的经济增长效应更强（彭惠等，2012；徐鑫、刘兰娟，2014）。从产业角度来看，大部分研究认为基础设施对第三产业的影响更为显著（刘宇等，2006）。基础设投资除了直接投资效应外，还有显著的溢出效应（刘生龙、胡鞍钢，2010；李天籽等，2018）、网络效应（张红历等，2010）和对技术进步的促进作用（庄雷等，2015；焦娜等，2020；徐扬、刘育杰，2022）等。

新基建可有效赋能双循环。目前传统基础设施投资已趋近饱合，但新基建仍需加大投资力度。新基建可看作是双循环的重要内核和关键动能（伍先福等，2020）。新基建投资可以从供给和需求两方面同时助力，具有稳增长与促结构转型的双重功能（郭凯明等，2020；潘雅茹等，2020；马蔡琛、管艳茹，2020；马青山等，2021；潘雅茹、顾亨达，2022），从而可以有效促进双循环。从长期来看，新基建可以有效助力供给侧，而短期内的主要作用则体现为需求方面的有效投资和拉动消费（伍先福等，2020），但因其体量小等原因，短期内拉动投资需求的作用有限（潘高远、李超，2020）。所以新基建投资应主要从供给侧入手，以调整经济结构为主要目标（滕梓源、胡勇，2020）。在供给侧，新基建可以加速包括制造业在内的各产业升级、推动企业数字化转型（何玉长，2020；温湖炜、钟启明，2022）等。同时，新基建也是"一带一路"基础设施互联互通的重要内容，"一带一路"沿线国家更新基础设施的需求潜力较大（杨道玲等，2016；卢潇潇等，2020），而中国在新基建方面具备"先行者"优势，"数字丝绸之路"倡议等也提供了战略优势（华欣、汪文杰，2020）。通过新基建加快内循环建设，能够改善中国的国际竞争能力（彭波，2020），达到内、外循环互相促进的效果。

新基建赋能双循环方面存在的问题与对策。目前新基建的投资也存在着一些问题。国内相关问题主要体现为：投融资机制不畅，公私合作机制不完善（兰虹等，2020），政府功能定位不准确，投资效率低下（李璐，2020）等。在对外投资方面，中国"一带一路"新基建尚受技术、人才、投融资、东道国政府管制等多重因素制约（林颖等，2019；郭朝先、徐枫，2020）。而且，目前海外新基建与国内新基建尚未形成协同发展态势，国内外新基建的参与主体也出现结构性失衡（郭朝先、徐枫，2020）。对策方面，就国内投资而言，新基建具有较高的投资乘数，目前数字经济的发展对于新型基础设施的需求仍处于上升阶段（李勇坚，2020；李璐，2020），所以一般研究都主张扩大新基建投资占比（姜卫民等，2020；钞小静等，2020）。具体对策多属于投融资方面的，一般主张完善投融资机制（贾康，2020），激发各类市场主体投资活力（盛磊、杨白冰，2020），顶层规划（范灵俊等，2020），以企业投资为主（张长春，2020）等。国外投资方面，研究者主张打造"智慧丝路""网上丝路"（卢潇潇等，2020），完善融资机制，提高合作效率（华欣、汪文杰，2020）等。

高质量投资。在双循环的新发展格局下，无论是传统基础设施投资还是新基建投资都必须是高质量的投资。目前直接、专门研究高质量投资的文献比较少，而且主要是针对对外投资的，研究者普遍认为我国由投资大国向投资强国转变需要对外投资的高质量发展（张爽，2020；马艳菲，2020），但目前对外投资高质量发展还存在一些难度（刘洪愧，2020；范鹏辉等，2020），需要从顶层设计、投资主体、投资结构等方面谋划高质量发展主要路径（范鹏辉等，2020）。国内的高质量投资则存在区域异质性（王士香、董直庆，2019）。只有少数文献专门分析了基建投资的高质量问题，石锦建、刘康一（2019）指出中国基建投资的高质量发展有很大潜力，但目前对其认识存在误区；伍先福等（2020）认为"新基建"投资应既重数量，又重质量。

"三重压力"与基础设施投资。畅通双循环在近期的主要阻力是我国经济发展所面临的"三重压力"。"三重压力"是 2021 年底中央经济工作会议新提出的一个概念，所以仅有少数研究简单讨论了其与基础设施投资间的关系（陈彦斌等，2021）。而且对"三重压力"三个组成部分本身的研究也很少，仅有一些供给冲击方面的研究（高翔等，2002；王晓芳等，2012；王雅琦等，2020；周少甫等，2021），需求收缩和预期转弱方面的研究很少见。

（二）国外相关研究概述

基础设施投资与经济增长。基础设施投资的主要作用在于促进宏观经济增长。Hardy（1980）较早研究了基础设施投资与经济增长的关系，之后多位研究者运用不同的指标和计量方法进行了类似研究，其中大部分研究都认为基础设施投资能够比较显著地促进经济增长（Norton，1992；Roller and Waverman，2001；Bernstein，2007；Koutroumpis，2009；Jaffee，2019），但也有少数研究发现二者的相关性并不显著（Swaroop，1993），甚至为负（Thoppson and Garbacz，2007），而且基础设施投资还存在远期投资回报率下降的趋势（Datta and Agarwal，2004），还有一些研究发现二者呈倒 U 型关系。从国别差异来看，Sridhar 和 Sridhar（2007）发现基础设施投资对发展中国家经济增长的影响要低于 OECD 等发达国家，但也有研究发现互联网投资对欠发达地区经济增长的促进作用更为显著（Jung，2014）。Ding 和 Haynes（2006）的研究表明电信基础设施投资也是解释中国区域经济发展的重要因素。梅尔尼科夫（2020）则发现移动通信的发展对俄罗斯的经济增长有积极的外部影响。

基础设施投资促进经济增长的原因。首先，很多研究都从交易或生产费用的角度去解释，认为基础设施投资减少了信息成本，从而降低了交易和生产成本（Arrow，1969；Hardy，1980；Norton，1992；Kuhn and Skuterud，2004；Stevenson，2009）。其次，很多研究都分析了基础设施投资的溢出效应（Leff，1984；Pradhan，2014），这是一种正外部性（Roller，2001；Bronzini，2009）。另外，一些研究强调了基础设施投资的网络效应（Clemons et al.，1993；Katz and Shapiro，1994）。

新型基础设施投资的经济效应与发展途径。近些年来，国外也有一些新型基础设施投资方面的研究。在经济效应方面，科索沃兹（2017）认为基础设施投资可以改善生活需求，阿里夫·乌马玛（2020）发现基础设施投资对某些亚洲国家的全要素生产率有促进作用。而且，基础设施投资既可以提高供给潜力，也可以用作宏观经济稳定的工具（罗素·琼斯，2019；阿尔弗雷多，2019）。在新型信息基础设施的投资途径方面，相关研究发现，数字信息基础设施的发展大有潜力（埃琳娜，2019），但其建设投资需要公民的积极参与（Sarbeswar，2017），其投资需要鼓励新竞争者的进入（欧格顿，2018），还需要与传统基础设施投资相结合（Sakib，2019）。

二、简要评述

国内学界对传统和新型信息基础设施投资都已有了一定量的研究，取得了很多成果，但对基础设施投资效应的综合分析尚显不足，微宏观相结合的分析、长短期相结合的分析、供给侧效应和需求侧效应相结合的分析、量与质相结合的分析等都有待丰富。

因为双循环和新型基础设施都是比较新的问题，所以目前对二者关系的研究尚显不足，从投资角度分析二者关系的文献更为不足。

同时，有少量对外高质量投资方面的研究，但对内高质量投资方面的研究却非常少见。从研究动态看，随着近年数字经济的持续升温，对新基建研究的广度和深度都在不断增加；随着双循环的提出，新基建与双循环关系方面的研究也不断增多；随着双循环对内需的重视，高质量投资的研究也将更多地针对国内投资。

国外对基础设施投资方面的研究还是比较多的，对传统基础设施投资的效应和作用机理等更是有比较充分的研究，但将其与发展中国家类似双循环或高质量发展方面的内容相联系的研究尚显不足，对发展中国家基础设施投资质量方面的研究有待丰富，对我国新型基础设施投资的研究也尚显零散。从研究动态上看，随着数字经济在世界范围内的持续升温，对新型基础设施的研究也趋于增加；对发展中国家的研究比重趋于上升；相关研究越来越注重对国别差异的分析。

第二章 内循环下基础设施高质量投资的主要特征

近年来学术界对高质量供给已有很多讨论，但对高质量需求的分析却明显偏少；对基础设施的投资问题已经有了大量的研究，但对基础设施投资效应的综合分析尚显不足；对内高质量投资方面的研究，特别是基础设施领域高质量投资的研究十分少见。

第一节 基础设施高质量投资内涵和标准的界定

一、内涵的界定

因为高质量发展是近年才提出的问题，所以学术界目前对高质量发展的内涵和标准等的界定主要是针对宏观性的高质量发展整体而言的，对于具体领域的高质量发展的讨论还很不足，对高质量投资（特别是对内投资）内涵和标准的界定更是罕见。

基础设施投资在一国的总投资中通常占有显著的比重，但因为基础设施本身的准公共品等性质，这一领域的投资与其他领域的投资相比有自己比较独特的特征，所以我们这里对高质量投资的界定仅仅是针对基础设施领域的。

这里我们基于双循环新发展格局的背景对基础设施高质量投资的内涵和标准进行界定。从基本内涵来看，基础设施高质量投资是能够在促进供给质量提高（包括结构升级）的同时有效拉动总需求，从而推动经济可持续性增长的基础设施投资。基础设施高质量投资的标准可从微观、中观和宏观三个层面进行界定，而且这三个层面的标准是一个有机联系的统一体：微观和中观标准是宏观标准的基础，同时这三个层面的标准也相互影响。高质量投资是投资量和投资效率的有机统一，投资量方面主要通过宏观和中观标准来体现，投资效率方面主要通过微观标准和中观标准来体现。

二、标准的界定

目前国内学术界尚未有对基础设施高质量投资的具体标准的界定，本书依据对相关理论和经验的归纳比较分析，作出以下界定：

（一）宏观标准：能够有效地促进长期的可持续性经济增长，同时兼顾短期的经济增长。这需要基础设施投资对其他产业投资、居民消费以及净出口的挤入效应大于挤出效应，具体可表现为较大的投资乘数（包括短期投资乘数和长期投资乘数）。

（二）中观标准：中观标准实际上是产业经济层面的标准，表现为三个方面：1. 产业组织方面：基础设施产业本身较好的产业绩效。这里较好的产业绩效主要表现为适量、优质和低价的基础设施产品供给。2. 产业结构方面：基础设施投资能够有效地促进其他产业的全要素生产率提高或产业结构优化升级。这需要基础设施投资与其他产业的发展要求相适配，能够有效地挤入而不是挤出其他产业有利于长期发展（也就是能够促进其全要素生产率提高或产业结构优化升级）的投资。3. 产业布局方面：基础设施产业在不同区域的合理布局。这需要基础设施产业布局能够与各区域发展的阶段相适应，也要求区域间基础设施布局的合理衔接，以便充分发挥基础设施的网络性和外溢性特性。

（三）微观标准：较高的企业投资效率。这里的企业投资效率主要表现为量和质两个方面，即适度的投资量和较高的企业投入产出效率。

宏、中、微三层标准具有一体性，微观标准是中观和宏观标准的基础，中观标准是宏观标准的基础。宏、中、微三层标准间又具有互补关系：微、中观标准主要是供给侧的标准，重在体现"质"的要求，主要助力于长期经济增长；而宏观标准主要是需求侧的标准，重在体现"量"的要求，主要助力于短期经济增长。

本书所界定的基础设施高质量投资的内涵和标准是通过理论推导和经验归纳综合得出的。通过分析一些典型案例，例如我国2009年"4万亿投资"中份额显著的基础设施投资案例，日本20世纪70年代的相关成功案例和90年代的相关失败案例等，可以发现我们界定的基础设施高质量投资的内涵和标准是能够比较成功地解释这些案例的。

第二节　基础设施高质量投资的宏观标准

如前所述，基础设施高质量投资的宏观标准表现为能够有效地促进长期的经济增长，同时兼顾短期的经济增长。这需要基础设施投资对其他产业投资、居民消费以及净出口的挤入效应大于挤出效应，具体可表现为较大的投资乘数（包括短期投资乘数和长期投资乘数)。

一、宏观标准的基础

尽管基础设施水平与国民经济发展的多个方面都有直接关系，但人们研究得最多的还是其与经济增长的关系。保持中高速的经济增长正是我国经济新常态和双循环的一个主要特征。在大卫·艾伦·阿绍尔1989[①]和1990年的代表性研究之后，国外学者对基础设施投资与经济增长之间的关系又进行了大量的实证研究。综合多项研究结果来看，基础设施投资总体上还是能够促进经济增长的，但也存在着一些质疑，有些研究甚至得出了相反的结论，即基础设施投资会阻碍经济增长。国内的相关研究也得出了大致类似的结论：有些研究认为基础设施投资可以促进经济增长，甚至二者可以互相促进，良性循环；而另一些研究则认为基础设施投资与经济增长无相关关系甚至会阻碍经济增长。

那么，相关的实证研究为什么会得出这种似乎矛盾的结论呢？我们认为，除了部分研究的数据和研究方法的不完善外，主要原因是基础设施投资既有促进经济增长的一面，也有阻碍经济增长的一面，最终的综合结果是促进还是阻碍经济增长就取决于这两类影响中哪一类占优势了。通常来说，不同的经济发展阶段下、不同的经济区域环境下、不同的制度条件下，二者的关系会有所不同。例如，就同一地区而言，基础设施投资与短期和长期经济增长的关系可能有所不同。一般来说，基础设施投资主要通过以下途径促进经济增

---

① Aschauer D. A., 1989, "Is public expenditure productive?", Journal of monetary economics, 23: 177-200.

长：一是作为一种重要的投资需求直接拉动总需求，从而推动经济增长；二是作为一种通常有溢出效应的基础投入品间接带动其他投入的增加。很多时候，基础设施投资都是一种政府行为，因为是投资于基础设施产业，所以这种政府行为经常会通过上述的间接作用影响到相关私人投资的成本或生产力。当其降低私人投资的成本或提高私人投资生产力，即对私人投资产生挤入效应时，便可能会对经济增长产生促进作用；当其对相关私人资本产生明显的挤出效应时，便可能阻碍经济增长。另外，政府投资于基础设施的资金通常来源于税收，税收增加的同时如果投资于基础设施的效率较低的话，就可能会阻碍经济增长。

讨论基础设施投资问题，就不能不先回顾一下2009年前后那次"4万亿投资"（其中相当大的一般分都投向了基础设施产业）的效果，那次比较少见的大规模投资是以后继续进行基础设施投资的基础，其投资经验更需要以后的基础设施投资加以借鉴。苏治等（2013）认为，从总体上看，前期的"4万亿投资"较好熨平了金融危机对我国经济产生的冲击，所以其积极的正向影响还是值得肯定的[1]。卫梦星（2012）也认为，"4万亿投资"确实在阻止我国经济受金融危机冲击而陷入衰退方面起到了较大作用，但其长期作用并不显著[2]。吴立军、曾繁华（2012）认为，"4万亿投资"在经济危机中起到了较好的熨平周期之作用，其政策功效是有目共睹的，但是其对经济可能的不利影响至少有：第一，政府的大规模投资会形

---

[1] 苏治、李媛、徐淑丹：《"结构性"减速下的中国投资结构优化：基于4万亿投资效果的分析》，《财政研究》，2013年第1期，第43—47页。

[2] 卫梦星：《"4万亿"投资的增长效应分析——"反事实"方法的一个应用》，《当代财经》，2012年第11期，第16—25页。

成对私人投资的挤占；第二，在政府投资干预过程中市场和制度进一步被扭曲①。黄海杰等（2016）以 2004—2013 年中国上市公司为研究对象，研究了"4 万亿投资"政策对企业投资效率的影响，发现"4 万亿投资"政策通过政府补贴和银行贷款在一定程度上改变了企业的投资策略，从而降低了企业的投资效率②。总结研究者们的分析可以看出，"4 万亿投资"在短期内对于应对金融危机还是起到了明显的积极作用的，但其长期作用可能并不大，而且这种大规模的政府投资很可能会产生一些显著的副作用，如对社会资本的挤出效应和对市场机制的扭曲影响等。

其实，除了经济增长，双循环的其他主要方面也都与基础设施有比较密切的关系，这里仅以创新驱动转变和产业结构优化升级为例来简单说明。孙早等（2015）的研究曾指出，维持一个适当的基础设施投资水平客观上有助于稳定经济增长和顺利完成向创新驱动的增长模式转变③。另外，地区产业结构优化升级的一个主要途径是地区产业专业化程度的提高，而区域基础设施建设水平的提高则有利于地区产业专业化程度的提高。

二、宏观标准的核心要求

作为准公共品，基础设施投资的最终目的是促进宏观的经济增

---

① 吴立军、曾繁华：《后危机时代中国经济增长的稳态路径研究——基于四万亿投资冲击下的偏离与均衡分析》，《当代财经》，2012 年第 1 期，第 15—24 页。

② 黄海杰、吕长江、Edward Lee：《"4 万亿投资"政策对企业投资效率的影响》，《会计研究》，2016 年第 2 期，第 51—57 页。

③ 孙早、杨光、李康：《基础设施投资促进了经济增长吗——来自东、中、西部的经验证据》，《经济学家》，2015 年第 8 期，第 71—79 页。

长，所以基础设施投资的主体往往是国有资本，即使是由社会资本投资也通常要在政府有关部门的统一规划下进行。基础设施一方面可作为特殊的资本存量进入生产函数，从而直接促进经济增长，另一方面还可促进资本和劳动力投入的增加以及提高存量资本和劳动力的边际生产率，从而间接促进经济增长[1]。在目前的双循环新发展格局下，基础设施投资的主要目标应该是促进可持续性的经济增长。这里我们把可持续性经济增长界定为兼顾短期和长期的经济增长。基础设施投资可以拉动短期的经济增长（这主要依靠在需求端发力），也可以促进长期的经济增长（这主要依靠在供给端助力）。但这两种作用有时会发生冲突，在发生冲突的情况下可持续的经济增长意味着更注重长期的经济增长。双循环新发展格局下基础设施高质量投资的主要目标之所以是可持续的经济增长，是由目前我国的发展阶段特征和基础设施的阶段性投资特征等因素决定的。

从目前的发展阶段来看，我国正处结构转型时期，短期的经济增长注定要维持在一个较低的水平上。从图 2-1 可看出，受国内外多种不利因素影响，近五年来我国的经济增长状况虽然在不断改善，但总体仍不够理想。一般来说，短期的高速经济增长通常意味着在供给方主要靠大量要素的投入来支撑，而在需求方则主要依靠大量的投资和出口来拉动。但随着现阶段我国的要素禀赋、投资边际报酬和出口环境的变化，这种增长模式已经难以为继。而且，现阶段作为我国传统投资重要组成部分的基础设施投资对短期经济增长的拉动作用也将比较有限。一般来说，在经济放缓或下行时期，要想

---

[1] 方福前、田鸽、肖寒：《基础设施对中国经济增长的影响及机制研究——基于扩展的 Barro 增长模型》，《经济理论与经济管理》，2020 年第 12 期，第 13—27 页。

显著拉动短期的经济增长,需要基础设施的投资量达到一个显著的水平。而目前我国的经济类基础设施的总体存量已达到一定的规模,出现了边际报酬递减现象,继续进行这方面大规模的投资将会明显降低资源配置的效率。同时,社会类基础设施和新型基础设施虽然目前的饱和度尚不高,但受融资等多方面因素的限制,短期的投资量也无法大量增加,所以对短期需求的拉动作用也很有限,而且社会类基础设施和新型基础设施的投资也要与总体经济发展对它的需求相匹配,而不宜在短期内大规模增加。

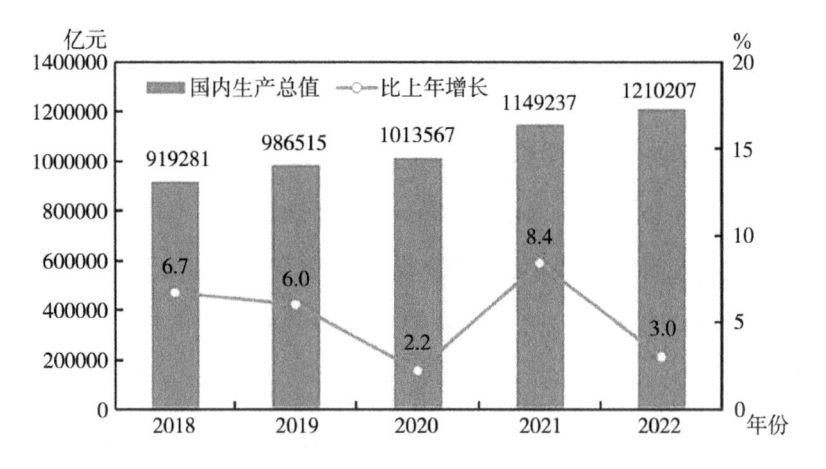

数据来源:《中华人民共和国 2022 年国民经济和社会发展统计公报》

图 2-1 2018—2022 年国内生产总值及其增长速度

不过,尽管不能再有效拉动短期经济增长,但一定种类、一定量的基础设施投资却是长期经济增长所必需的。相关国际经验表明,我们目前的经济转型期,正是为长期经济增长奠定基础的关键时期。下一阶段我国的经济增长在供给方面将主要依靠全要素生产率的提升和产业结构的优化升级来驱动,在需求方面则将主要依靠消费的增长来拉动。全要素生产率的提高、产业结构的升级和消费的显著增长都需要较长的时期，所以它们所推动的经济增长实际上是长期经济增长。而全要素生产率的提升、产业结构的升级和消费的显著增长都需要相应的基础设施来支撑。目前我国这些方面的基础设施存量尚存在着不足，所以这些方面的基础设施投资还需增加。一些实证研究也显示：在目前的经济高质量发展阶段，一些种类的基础设施投资是可以有效促进我国经济的高质量发展的。例如有研究就指出，新型数字基础设施对于经济高质量发展有着显著的促进作用，新型数字基础设施有助于提升数字化能力，进而促进经济的高质量发展[1]。

需要强调的是，在经济增速放缓或下行时期，为了有效地促进持续性的经济增长，特别需要控制好刺激短期经济增长的基础设施投资量。因为基础设施的投资量比较大，所以在经济增速放缓或下行时期，一些国家的政府往往会习惯性地通过加大基础设施的投资量来拉动经济增长，做逆周期的调节。这种投资的目的一般主要是通过增加需求来拉动短期的经济增长，同时也为长期的经济增长奠定基础。但这一目的未必总能达到，因为拉动短期经济增长和促进长期经济增长这两个目标有时可能是冲突的，在拉动短期经济增长的同时有可能会抑制长期的经济增长，从而得不偿失。最糟糕的情况是，大量的基础设施投资拉动短期经济增长的效果不明显，但却阻碍了长期经济增长。在经济放缓或下行时期，这种最糟糕的情况出现的可能性还是比较大的，因为在这一时期一方面投资和消费总体低迷，不容易拉动，另一方面却正是需要进行大规模结构调整的

---

[1] 范合君、吴婷：《新型数字基础设施、数字化能力与全要素生产率》，《经济与管理研究》，2022年第1期，第3—22页。

时期，所以大量的基础设施投资就有可能在拉动短期投资和消费作用不明显的同时又通过阻碍结构调整而抑制了长期经济增长。

三、包容性增长与农村基础设施投资

在我国目前的发展阶段，持续性的长期经济增长可以用多种形式来表述，包容性增长就可看作是一种表述形式。

关于包容性增长，本书第三章第一节有详述。我们认为，包容性增长概念的核心内容，即机会平等，有两方面的基本含义，一方面意味着社会各阶层应具有平等的机会分享经济增长的成果，另一方面也意味着社会各阶层应具有平等的机会参与经济增长。这两方面是有机结合的一个整体，可以看作是公平与效率的有机结合，前一个方面主要体现了公平原则，而后一个方面则主要体现了效率原则。包容性增长模式像其他经济增长模式一样是特定经济社会发展阶段的产物。在现阶段，包括我国在内的很多亚洲发展中国家中，各社会阶层平等地参与经济增长和分配，不仅可以促进社会公平，也能有效地提高经济发展效率，可以实现效率与公平的统一。而现阶段一些相对供给不足的基础设施的投资便可以有效促进包容性增长，这里仅以我国农村基础设施投资为例来说明。

（一）农村基础设施投资的增加可体现包容性增长所要求的公平

目前研究者们在谈到包容性增长所要求的机会平等时主要强调的是参与分享经济增长成果方面的机会平等，也就是在分配上的公平，而基础设施的均衡供给也可以促进社会公平。

社会公平本身是一个价值判断问题，没有一个统一的标准。对社会公平程度的判断往往因人而异，因社会阶层而异。但我们可以把一个社会某一发展阶段大部分公众的判断看作是这个社会这一阶

段的公平标准。社会公众、学术界和政界的大部分人都普遍认为,让广大农村居民进一步分享经济增长的成果将提高我国社会公平的程度。革命时期和社会主义建设时期农民和农业都为国家工业化、城镇化作出了巨大贡献。改革开放以来,作为低成本劳动力的大量进城农民工为加快我国经济社会发展和增强中国企业国际竞争力作出了很大贡献,所以经济社会发展的成果需要公平地惠及广大农民。而在目前,从基础设施供给方面来看,农村居民尚没有很公平地享受到经济增长的成果。所以,有效改善我国农村基础设施供给,进一步加大农村基础设施投资,可以体现包容性增长对公平的要求。

(二)农村基础设施投资的增加可以促进包容性增长所要求的效率

包容性增长不仅意味着社会公平程度的提高,也意味着效率的提升。农村基础设施投资的增加对社会经济效率的提升作用主要表现在可提高社会消费水平和促进人力资本积累等。下面首先来谈谈农村基础设施投资与社会消费水平间的关系。下表体现了改革开放以来我国城乡居民消费水平的差距。

表2-1 1978—2021年城乡居民消费水平

年份	绝对数(元)			城乡消费水平对比(农村居民=1)	指数(上年=100)			指数(1978年=100)		
	全体居民	城镇居民	农村居民		全体居民	城镇居民	农村居民	全体居民	城镇居民	农村居民
1978	184	393	139	2.8	104.1	102.9	104.4	100.0	100.0	100.0
1980	238	490	178	2.7	109.1	107.3	108.6	116.8	113.8	115.0
1985	440	750	346	2.2	112.7	107.4	114.4	181.3	141.6	191.3
1990	831	1404	627	2.2	102.8	101.4	103.4	227.5	168.6	238.8
1995	2329	4767	1344	3.5	108.3	109.5	105.0	339.7	294.2	286.9
2000	3712	6972	1917	3.6	110.5	109.6	106.2	491.9	393.0	375.2

续表

年份	绝对数（元）			城乡消费水平对比（农村居民=1）	指数（上年=100）			指数（1978年=100）		
	全体居民	城镇居民	农村居民		全体居民	城镇居民	农村居民	全体居民	城镇居民	农村居民
2001	3968	7272	2032	3.6	105.9	103.4	104.6	520.7	406.5	392.7
2002	4270	7662	2157	3.6	108.1	105.9	106.6	563.1	430.6	418.5
2003	4555	7977	2292	3.5	105.4	103.0	104.6	593.4	443.4	437.7
2004	5071	8718	2521	3.5	106.6	105.2	103.9	632.7	466.6	454.9
2005	5688	9637	2784	3.5	109.5	108.3	106.8	693.0	505.4	485.8
2006	6319	10516	3066	3.4	108.0	105.9	107.3	748.3	535.4	521.4
2007	7454	12217	3538	3.5	112.4	111.2	108.7	841.4	595.5	566.8
2008	8504	13722	3981	3.4	107.5	106.2	104.8	904.2	632.2	593.8
2009	9249	14687	4295	3.4	110.5	108.6	110.1	999.4	686.6	654.0
2010	10575	16570	4782	3.5	107.5	105.9	105.4	1074.7	726.9	689.2
2011	12668	19218	5880	3.3	109.8	106.8	110.8	1179.7	776.3	764.0
2012	14074	20869	6573	3.2	109.1	107.1	108.1	1286.9	831.0	826.1
2013	15586	22620	7397	3.1	107.9	105.7	109.4	1388.9	878.2	903.9
2014	17220	24430	8365	2.9	108.4	105.9	110.9	1505.1	930.3	1002.3
2015	18857	26119	9409	2.8	109.5	106.9	112.7	1648.4	994.3	1129.1
2016	20801	28154	10609	2.7	108.2	105.6	110.8	1783.2	1050.4	1251.4
2017	22968	30323	12145	2.5	106.6	104.0	110.8	1901.7	1092.2	1386.6
2018	25245	32483	13985	2.3	107.4	104.7	112.4	2041.9	1143.0	1558.8
2019	27504	34900	15382	2.3	106.1	104.6	107.0	2166.0	1195.9	1668.2
2020	27439	34043	16046	2.1	97.5	95.4	101.8	2111.9	1140.7	1697.9
2021	31072	37994	18601	2.0	111.9	110.3	114.6	2363.5	1258.0	1945.5

数据来源：《中国统计年鉴 2022》

如今，人们普遍认为我国现阶段的经济发展应该主要依靠内需，特别是居民消费来支持。但近年来我国居民消费率却持续处于低迷状态。我国居民整体消费率持续低迷的一个主要原因就是居民间过大的收入差距导致了整体居民消费率的低水平。我国农村居民是低收入群体的主体之一，所以农村居民的低消费水平是我国居民整体消费率偏低的主要原因之一。有研究显示，2020年我国城乡居民总消费以及交通、通信、文教娱乐、医疗保健消费支出的差距仍接近2倍[①]。

如表2-1所示，近年来我国城镇居民与农村居民消费水平的差距仍然偏大。农村基础设施投资的增加一方面可以提高农村居民的可支配收入，另一方面还可以改善农村消费环境，而这两者都可有效促进农村居民消费水平的提高。

同时，农村教育等社会性基础设施投资还可以通过提升农村居民的人力资本水平来提高包容性增长所要求的效率。在现阶段，我国的经济增长需要主要以创新为驱动力，而创新发展的一个主要基础就是人力资本水平的提升。目前我国农村居民的人力资本水平相对仍较低，而且农村居民的数量又比较大，所以通过加大农村教育等社会性基础设施投资来提升农村居民的人力资本可以提高包容性增长所要求的效率。

包容性增长这一概念中的"包容"主要体现了公平的要求，而"增长"则主要体现了效率的要求。从上面的分析可看出，增加农村地区的基础设施投资可以同时满足包容性增长对公平和效率两个方

---

① 聂昌腾：《网络基础设施与农村居民消费：理论机制与经验证据》，《调研世界》，2022年第8期，第78—88页。

面的要求。

　　一些相关的实证研究也证实了这一点。一项主要针对传统基础设施与农村包容性增长关系的实证研究显示,座机电话和自来水等农村基础设施总体上有利于提高农村居民的收入水平,从而可以帮助缩小我国的城乡收入差距,而且,收入较低的群体从农村基础设施中获益更多,这意味着农村基础设施还可以改善农村内部的收入不均等。这意味着,我国农村的一些传统基础设施投资可以对包容性增长发挥积极作用①。另一项针对数字基础设施与包容性增长关系的研究也显示,数字基础设施能够通过提升扩展型人力资本(信息获取与自我学习)积累推动收入增长,并显著降低高、低收入群体间的收入差距,实现包容性增长,但城乡收入差距有效收敛依赖于基础型人力资本水平的不断提升,所以需要加强农村地区数字基础设施建设的投入力度②。

　　而且,上述研究还显示,农村经济性基础设施和社会性基础设施的投资效果还可以互相增强。例如,座机电话和自来水等农村经济性基础设施是农村居民获取人力资本(教育和经验)回报的必要条件,同时经验更丰富和教育水平更高的群体从这些经济性基础设施中获益更多①。另外,基础型人力资本(正规教育)积累水平越高,数字基础设施实现包容性增长的促进作用越强②。

----

　　① 张勋、万广华:《中国的农村基础设施促进了包容性增长吗?》,《经济研究》,2016年第10期,第82—96页。

　　② 许薛璐、王文:《数字基础设施能否推动包容性增长?——基于个体人力资本积累视角》,《软科学》,2022年第11期,第9—14页。

第三节 基础设施高质量投资的中观和微观标准

基础设施产业在国民经济中占有非常重要的地位。基础设施产业可分为经济性基础设施产业和社会性基础设施产业,其中经济性基础设施产业的主要组成部分有时又被称为网络型基础设施产业,是一种一般需要固定网络来传输服务的基础性产业,主要包括煤气、电力、自来水、铁路和电信等产业,这类产业在国民经济中起着十分重要并且不可替代的作用。

一、中观标准

基础设施高质量投资的中观标准实际上是产业经济层面的标准,具体表现为三个方面:产业组织方面、产业结构方面和产业布局方面。

(一)产业组织方面:基础设施产业本身较好的产业绩效

市场绩效是指在一定的市场结构中,由一定的市场行为所形成的成本、利润、产品质量及技术进步等方面的最终经济成果,反映了市场运行的效率。产业投资会直接形成产业的供给。我们这里把基础设施产业高质量投资中观标准中的产业组织标准,即较好的产业绩效,具体界定为适量、优质和低价的基础设施产品供给。

产业绩效通常有多种衡量指标,但从主要衡量指标来看,我国基础设施产业的绩效有待改善,主要表现就是这类产业的较低生产效率、较高服务价格、较高利润和较高收入等。这种绩效状况近些年来已引起了社会民众的不满,同时也给整体国民经济运行带来了一系列不良影响。这种不良影响主要表现在以下几个方面：一是我国基础设施产业的偏高收入是目前导致我国行业收入差距过大的一个重要因素，而这种过大的行业收入差距又加剧了整体性的居民收入差距并进而导致了一系列严重的社会和经济问题。二是我国这类产业偏高的服务价格加重了其下游产业的成本负担和居民的支付负担，在一定程度上影响到了一些相关产业的发展速度和社会的有效需求。三是由于我国这类产业很多是由国有资本来垄断性经营的，所以这类产业偏低的生产效率或投资运营效率导致了国有资本资源配置的低效率和浪费，侵害了国民的福祉。四是我国这类产业低效率与高利润并存的绩效状况严重损害了社会公平，引发了社会各界的不满。

（二）产业结构方面：促进相关产业全要素生产率提高或产业结构升级

从长期来看，基础设施投资本身对经济增长的直接拉动作用比较有限，主要是通过产业溢出效应拉动其他产业的投资，从而间接地促进经济增长。就我国目前的发展阶段而言，未来一段时期的长期经济增长必须以产业结构升级和全要素生产率的提高为基础，依靠单纯的要素投入增加来拉动长期经济增长的模式已经难以维持。双循环下的发展仍旧是高质量发展。"十四五"规划明确指出，"十四五"时期我国仍要以推动高质量发展为主体。双循环意味着高质量的供给和高质量的需求之间的互相促进。高质量供给就意味着全要素生产率的提高和产业结构的转型升级，高质量需求则意味着高质量的投资、高质量的消费和高质量的出口等。所以从中观角度来看，基础设施投资需要在供给端有效促进产业结构升级和全要素生产率的提高，从需求端有效拉动其他产业基于产业结构升级和全要素生产率提高的高效率投资。而实际上，国内外很多经验都表明，适宜的基础设施投资是可以有效促进产业结构的升级和全要素生产率提高的，而且是其必备条件之一。如果基础设施投资不能促进或适应产业结构的升级变化，那么将不能有效拉动经济增长，即中观层面的低质量将直接导致宏观层面的低质量。以同样是经济增速放缓的日本20世纪70年代和90年代对比为例。20世纪70年代日本成功地实现了产业结构的转型升级，而90年代的日本因为信息产业等新兴重要产业发展相对滞后而导致产业结构转型步伐缓慢[①]。产业结构调整滞后导致新的投资和消费热点缺位，从而难以拉动有效需求。所以日本20世纪70年代的基础设施投资较好地适应和拉动了当时的经济增长，而90年代的大规模基础设施投资却没能有效地拉动经济增长。

根据相关研究，包括2009年左右的"4万亿投资"中投向基础设施领域的部分在内的以往的很多基础设施投资虽然一般都对短期经济增长有明显的拉动作用，但对长期经济增长的拉动作用通常都不大。基础设施产业一般与较长期的经济增长有显著关联。如果考虑到较长期经济增长对基础设施的需求，目前我国很多地区的基础设施还是存在着一定程度的"短板"的。高质量发展所要求的"产业结构优化升级"和"创新驱动"等都与较长期的经济增长有密切关系，所以与高质量发展所要求的"产业结构优化升级"和"创新驱动"等相结合的基础设施建设应该是目前需要补的"短板"之一。一些研究也显示，一部分基础设施投资目前是可以促进我国很

---

① 田正、武鹏：《供给侧结构性改革的路径：日本的经验和启示》，《日本学刊》，2019年第3期，第111—135页。

多产业的结构升级和全要素生产率提升的。一项研究就显示，基于新型数字基础设施的技术创新效应、资源配置效应和消费升级效应，新型数字基础设施能够显著地促进产业结构升级①。另一项研究也显示，网络基础设施可以通过促进技术创新、产业结构升级及缓解资源错配等途径促进城市全要素生产率的提升②。

（三）产业布局方面：基础设施产业在不同区域的合理布局

先来看基础设施与区域产业结构升级之间的关系。地区产业结构优化升级经常是通过地区产业集聚和地区产业专业化程度的提高等途径实现的，而区域内和区域间基础设施建设水平的提高通常有利于生产要素和产业的集聚以及地区产业专业化程度的提高。例如，有研究者使用1992—2011年间长三角城市群16个有代表性的核心城市的相关数据进行实证研究，结果显示城市群对基础设施的较大比例投资有利于实现产业集聚并实现地区产业结构转型升级，长三角城市群城镇化过程中主要就是通过基础设施建设的固定资产投资促进产业的转型升级的③。目前长三角地区的城镇化水平已经相对比较高了，但广大的中西部地区的城镇化水平明显还有待提高。长三角地区城镇化过程中基础设施建设对产业结构转型升级的经验正可为中西部地区提供一些借鉴。

与通常的观点不同，一部分实证分析认为我国西部地区的交通

---

① 何玉梅、赵欣灏：《新型数字基础设施能够推动产业结构升级吗——来自中国272个地级市的经验证据》，《科技进步与对策》，2021年第17期，第79—86页。

② 刘传明、马青山：《网络基础设施建设对全要素生产率增长的影响研究——基于"宽带中国"试点政策的准自然实验》，《中国人口科学》，2020年第3期，第75—88页。

③ 吴福象、沈浩平：《新型城镇化、基础设施空间溢出与地区产业结构升级——基于长三角城市群16个核心城市的实证分析》，《财经科学》，2013年第7期，第89—98页。

等传统基础设施供给已经出现了过剩,例如一些高速公路一定程度上有闲置。究其原因,主要是西部的一些传统基础设施存量虽然相比于东部仍然显得偏少,但相对于当地的经济发展需要来说又似乎有点超前发展,所以出现了一定程度的闲置。也就是说,基础设施投资是区域经济增长的必要而非充分条件,需要一系列与之相协调的其他经济条件,特别是与之匹配适当的产业结构。所以,从短期看基础设施投资未必能有效地缩小区域经济发展差距,因为虽然基础设施的发展可以通过市场规模效应等促进落后地区的经济增长,但同时也会产生产业转移等不利于落后地区发展的效应,而在一定时期内后者的效应可能要大于前者,从而拉大区域经济发展差距。基础设施对经济增长的主要价值之一就在于其外部性效应,但在其他经济条件不匹配的情况下,其外部性效应在很大程度上却并不能有效发挥出来。例如一项对丝绸之路经济带新疆沿线城市的研究发现,虽然交通基础设施的改善对全要素生产率具有溢出效应,但是同时交通基础设施的外部性效应还不是十分显著[1]。因此,特别是在经济相对落后的中西部地区,基础设施投资需要一系列相关经济条件的配合和保障。虽然基础设施需要一定程度上的超前发展,但超前要有一定的度,更重要的是,需要其他相关经济条件的协调同步发展。如果相关的其他经济条件的发展不能得到保障,就要相应控制基础设施的投资。

而且,基础设施产业本身的网络性和外溢性等特性要求基础设施投资在区域协调的背景下进行。这里以京津冀协同发展背景下的

---

[1] 霍旭领、敬莉:《交通基础设施对全要素生产率的溢出效应分析——以新疆为例》,《新疆大学学报(哲学·人文社会科学版)》,2014年第5期,第18—23页。

河北省为例，河北省的基础设施建设和投资就需要充分考虑京津冀协同发展的需要和机遇，而不是仅仅考虑河北省本身。有研究就指出，新型基础设施建设对粤港澳大湾区经济发展有促进作用且表现出空间溢出性，能够推进经济一体化进程①。

推进京津冀区域经济一体化，在国家"十二五"规划中已被提升到了国家战略层面的高度。习近平总书记也曾多次论述过京津冀协同发展的重要性。例如，2014年2月习总书记在听取相关工作汇报时，就强调过京津冀协同发展是一个重大的国家战略，并提出了七点相关要求。作为重要的基础产业和先行产业，基础设施产业的协同发展是京津冀协同发展的重要内容和前提。京津冀协同发展规划中的交通一体化先行就是这方面的典型代表。一些相关研究也显示交通基础设施投资在推动本地区经济增长的同时，还能促进邻近地区的经济发展，从而有利于区域经济一体化。但如果一区域内各组成部分间基础设施条件差距过大，则有可能影响区域经济一体化的速度。有研究就曾指出，虽然交通基础设施的总量提升能够显著地促进区域经济的增长，但受其自身显著的空间网络特性影响，倘若区域内不同地区间交通基础设施条件的差异过大，则很有可能限制区域内地区间资源的合理配置，从而影响整个区域经济的增长速度②。目前河北省基础设施水平与京、津相比仍有明显差距，这将不利于京津冀的协同发展。为了更快地推进京津冀协同发展的进程，

---

① 王文彬、廖恒：《新型基础设施如何影响粤港澳大湾区经济一体化发展——基于空间溢出效应的视角》，《财经科学》，2022年第8期，第93—105页。

② 黄森：《交通基础设施空间建设差异化影响了中国经济增长吗——基于2001—2011年中国31个省（市、自治区）数据的实证分析》，《贵州财经大学学报》，2015年第3期，第9—20页。

有必要提高河北省基础设施的供给水平，使之与京津基础设施的差距保持在一个合理的范围内，并使京津冀三地的基础设施网有效衔接和布局。

二、微观标准

基础设施高质量投资的微观标准体现为较高的企业投资效率。这里的企业投资效率主要表现为量和质两个方面，即适度的企业投资量和较高的企业投入产出效率。

以上的宏观和中观讨论其实都暗含着一个前提，即基础设施投资的微观层面，也就是企业投资效率是既定的。但基础设施的高质量投资意味着宏观、中观、微观三个层面的高质量，而且微观层面的高质量投资更是宏观和中观层面高质量投资的基础。一般来说，基础设施投资既可能挤入其他产业的投资，也可能挤出其他产业的部分投资。挤出效应的大小除了受利率等外部因素的影响之外，最主要的就取决于基础设施投资企业的微观投资效率，在投资量既定的情况下挤入效应的大小也主要取决于基础设施投资企业的微观投资效率。低效的微观投资效率将直接影响基础设施投资的宏观效果。这里仍以 20 世纪 90 年代的日本为例，一些研究显示，因为基础设施投资体制缺陷和利益集团的政治游说等原因，当时的日本基础设施投资出现了明显的工程成本高、重复建设以及区域分配低效等问题[1]，无效投资和浪费性投资规模巨大。

---

[1] 赵瑾：《日本公共投资：90 年代投资低效的原因、改革方向及启示》，《日本学刊》，2014 年第 6 期，第 110—123 页。

第四节 三重标准的综合分析

以高质量发展为基础的双循环新发展格局意味着高质量的总供给和高质量的总需求间的互相促进、良性互动。而基础设施投资既可以通过直接影响其他产业的投资、居民消费和进出口等来影响总投资，又可以通过其形成的基础设施产品来间接地作用于总供给。所以高质量的基础设施投资意味着既要能够促进总供给的高质量发展，又要能够拉动高质量的总需求，并能助力二者的良性互动。本书所界定的宏观、中观、微观三位一体的基础设施高质量投资标准可以同时从总供给和总需求两个角度赋能双循环的新发展格局。其中的微观标准主要作用于总供给，宏观标准主要作用于总需求，而中观标准则可以同时作用于总供给和总需求，而且微观标准和中观标准可以通过促进高质量供给来创造和引领高质量的需求，宏观标准可以通过拉动高质量的总需求来牵引高质量的总供给。

高质量的投资可以同时从投资的量和质两方面去体现。本书所界定的宏观、中观、微观三位一体的基础设施高质量投资标准可以同时从量和质两个方面体现高质量的要求。其中的宏观标准主要体现量的要求，而微观标准和中观标准则可同时体现量和质的要求。

本书所界定的基础设施高质量投资的宏观、中观、微观标准之间的三位一体关系还可以通过一个倒 U 型曲线来说明。国内外很多研究都表明，基础设施投资和长期经济增长之间通常存在着一种倒 U 型关系。但对于这个倒 U 型曲线的具体特征，例如其位置和形状的决定因素的分析，在学术界特别是国内学术界却比较罕见。而且目前国内学术界一般的相关分析都是注重投资量的分析，而对投资量与企业投资效率间关系的分析尚待深入。在这里我们就用这一倒 U 型曲线来说明本书所界定的宏观、中观、微观三层次标准间的系统统一关系，这也可算是对这一倒 U 型曲线具体特征的一种具有创新意义的解释。鉴于基础设施投资和长期经济增长之间的倒 U 型关系，本书把基础设施高质量投资的宏观标准具体界定为倒 U 型曲线的顶点。倒 U 型曲线顶点的高度标志着基础设施的宏观投资质量，顶点越高意味着基础设施宏观投资质量越高。倒 U 型曲线顶点两侧曲线的形状即倾斜程度，则可看作是由本书所界定的中观和微观标准来决定的。在倒 U 型曲线顶点的左侧，即投资量尚未饱和的情况下，我们任意选取曲线上的一点，即在投资量既定的情况下，微观的投资质量越高，中观的投资质量也就越高，进而宏观的投资质量越高。在这种情况下，随着微观投资质量的提高，既定的投资量可以形成更多的基础设施产品，从而可以更好地满足其他产业对基础设施产品的需求，进而提高中观投资质量。中观投资质量的提高可以在挤入更多有效投资的同时形成更多的高质量有效供给，从而拉动新的消费需求和促进出口，进而提高宏观投资质量。微观投资质量的提高也可在满足其他产业对基础设施产品既定需求量的同时减少基础设施投资量，从而通过减小挤出效应来促进经济增长。这两种过程都可以体现为倒 U 型曲线位置的提高和顶点左侧曲线倾斜度的提升。假定微观投资质量既定，那么单纯的中观投资质量的提高也可以通过上述机制提高宏观投资质量，只不过提高的幅度较小而已。在倒 U 型曲线顶点的右侧，基础设施投资量相对于其他产业对它的需求而言已经过度，即中观投资质量已经下降，基础设施投资对其他产业的投资、居民消费及出口的挤出效应过大，这导致宏观投资质量下降。

第三章　内循环下基础设施投资质量的主要影响因素

第一节　宏观投资质量的主要影响因素分析

一、中观因素

（一）基础设施投资结构

1. 三类基础设施的投资比例

基础设施产业内部包含着多种不同种类，在既定的经济发展阶段下它们对经济增长的作用是有区别的。按最基本的划分法，基础设施可分为经济性基础设施、社会性基础设施和新型基础设施。经济性基础设施是我国传统基础设施投资的重点，也是目前饱和度最高的一类，对粗放型经济增长的推动作用比较明显，所以在强调质量提高的新发展格局下，这类基础设施的投资量应适度控制。相对来说，社会性基础设施和新型基础设施对于高质量发展将有更大的促进作用。而且相对于未来的经济增长来说，目前这两类基础设施的存量也尚有不足，因此将是目前基础设施投资增长的主要领域。总之，要根据未来经济增长的需要，调节不同种类的基础设施投资，形成基础设施产业内的合理投资结构。如果不能依据经济发展的需要来及时调整基础设施的投资结构，那么基础设施投资不仅不能促进经济增长，反而可能对经济增长起阻碍作用。这方面的经验国内外都有一些。例如20世纪90年代日本政府那轮大规模基础设施投资失败的一个重要原因就是依旧主要投向经济性基础设施，而不是适应当时产业结构的变化来投向社会性基础设施[1]。

在我国目前的发展阶段，具体到不同产业或不同区域，对基础设施类型的需求也会有所不同。有研究显示，交通、信息基础设施投资仍对我国经济增长具有显著促进作用，投资效益高于平均全社会固定资产投资收益水平，但交通基础设施对第二产业的增长效应大于对第一、三产业，对欠发达省份的经济增长效应显著，而对发达省份经济增长效应不显著；信息基础设施则对欠发达省份和发达省份的经济增长效应均显著为正，对第二产业的增长效应大于第三产业，但对第一产业增长效应不显著[2]。

2. 社会性基础设施投资与包容性增长：以社会保障为例

基于阶段发展特征，双循环发展格局下的经济增长也应该是高质量的包容性增长，而包容性增长又与基础设施，特别是社会性基础设施的发展状况密切相关。这里以社会保障为例来说明。

一般认为，包容性增长这一概念是亚洲开发银行2007年首先提出的，而林毅夫等人所著的《以共享式增长促进社会和谐》一书则对这一概念的内涵以及政策含义进行了集中阐述。除了受到一些国际组织和部分知名学者的倡导以及与包括中国在内的一些亚洲国家

---

[1] 赵瑾：《日本公共投资：90年代投资低效的原因、改革方向及启示》，《日本学刊》，2014年第6期，第110—123页。

[2] 黄书雷、方行明、鲁玉秀等：《交通和信息基础设施对经济增长的影响机制、效应评估和路径优化研究》，《经济问题探索》，2021年第10期，第100—111页。

目前的经济社会发展阶段相适应以外，这一概念还曾被前国家主席胡锦涛多次在正式讲话中提及。例如，2009年11月15日在亚太经济合作组织会议上他提出并强调过"统筹兼顾，倡导包容性增长"，在2010年9月16日的第五届亚太经合组织人力资源开发部长级会议上他再次提出并阐述了实现包容性增长的必要性与可能性[①]。

到目前为止，包容性增长模式的理论体系也尚未完善，但就其基本内涵，学术界还是有一些共识的。从学术界广泛接受的关于其内涵的基本观点以及一些有代表性的学者对其政策含义的阐述来看，包容性增长模式与社会保障问题密切相关。

一般认为，从其基本内涵来看，包容性增长可以界定为倡导机会平等的增长。机会不平等是对应于结果不平等而言的。世界银行区分了"机会的不平等（包括就业、受教育、接受基本医疗卫生服务机会的不平等）"和"结果的不平等（包括收入不平等、财富不平等）"这两个相关而又不相同的概念[②]。从世界银行关于"机会的不平等"的界定就能看出它与社会保障的密切关系。从更广义的角度来说，这里的机会不平等一般被理解为个人社会经济背景或所处环境的不同所导致的发展机会的不平等。而社会保障水平，特别是农村社会保障水平正是农村居民社会经济背景或所处环境特征的一个主要方面。

就包容性增长模式的政策含义而言，作为集中论述包容性增长的论著，《以共享式增长促进社会和谐》一书提出，为了促进机会平

---

① 王新建、唐灵魁：《"包容性增长"研究综述》，《管理学刊》，2011年第1期，第26—31页。

② 杜志雄、肖卫东、詹琳：《包容性增长理论的脉络、要义与政策内涵》，《中国农村经济》，2010年第11期，第4—14页。

等，政府需要在三个方面加以努力：第一，增加对基础教育、基本医疗卫生、其他基本社会服务的投入，来提高民众特别是弱势群体的基本素质与发展潜能；第二，加强政策与制度的公平性，消除社会不公，完善市场机制，创造平等竞争的条件；第三，建立社会风险保障机制，以防止与消除极端贫困[①]。从关于包容性增长模式政策含义的主流观点来看，包容性增长模式也与社会保障问题密切相关，大部分关于包容性增长模式的政策建议在一定程度上甚至可以说就是完善社会保障体系的措施。

(二) 基础设施投资量

在保持合理的产业投资结构的基础之上，各类基础设施需要保持一个适度的投资量，既不能过少，也不能过多。近些年来我国的各类基础设施存量都有明显增加，例如表 3-1 所示的交通基础设施。但基础设施量与经济增长间的关系还未达到最佳协调点，而且这种最佳协调状态也是一个需要不断调整的动态过程。如上一章所述，基础设施投资与经济增长之间存在一个倒 U 型关系，也就是说相对于经济增长而言，基础设施投资量存在着一个最优规模。原因是当基础设施的投资量超过某一点后其负向效应将大于正向效应，从而阻碍经济增长。有关我国的一些相关研究也证明了这一点。例如一项研究显示，我国人均产出与基础设施资本存量占比之间也存在着倒 U 型关系，倒 U 型顶点处所对应的最优基础设施资本存量占比为 0.330，即当基础设施资本存量占比低于 0.330 时，人均产出随着基础设施资本存量占比的提高而上升；而当基础设施资本存量占比高

---

① 王新建、唐灵魁：《"包容性增长"研究综述》，《管理学刊》，2011 年第 1 期，第 26—31 页。

于 0.330 时,人均产出则随着基础设施资本存量占比的提高而下降[①]。

表 3-1 2018—2021 年交通运输业基本情况

指标	2018	2019	2020	2021
运输线路长度(万公里)				
铁路营业里程	13.17	13.99	14.63	15.07
公路里程	484.65	501.25	519.81	528.07
#高速公路	14.26	14.96	16.10	16.91
内河航道里程	12.71	12.73	12.77	12.76
定期航班航线里程	837.98	948.22	942.63	689.78
输油(气)管道里程	12.23	12.66	12.87	13.12
客运量总计(万人)	1793820	1760436	966540	830257
铁路	337495	366002	220350	261171
公路	1367170	1301173	689425	508693
水路	27981	27267	14987	16337
民航	61174	65993	41778	44056
旅客周转量总计(亿人公里)	34218.2	35349.2	19251.5	19758.1
铁路	14146.6	14706.6	8266.2	9567.8
公路	9279.7	8857.1	4641.0	3627.5
水路	79.6	80.2	33.0	33.1
民航	10712.3	11705.3	6311.3	6529.7
货运量总计(万吨)	5152732	4713624	4725862	5298499
铁路	402631	438904	455236	477372
公路	3956871	3435480	3426413	3913889

---

① 徐宝亮、刘震、邓宏图:《基础设施资本与经济增长——"倒U型"理论的经济逻辑与中国经验证据》,《南开经济研究》,2022年第3期,第21—40页。

续表

指　　标	2018	2019	2020	2021
水路	702684	747225	761630	823973
民航	738.5	753.1	676.6	731.8
管道	89807	91261	81907	82534
货物周转里（亿吨公里）	204686	199394	201946	223600
铁路	28821.0	30182.0	30514.5	33238.0
公路	71249.2	59636.4	60171.8	69087.7
水路	99052.8	103963.0	105834.4	115577.5
民航	262.50	263.20	240.20	278.16
管道	5301	5350	5185	5419
民用汽车拥有量（万辆）	23231.23	25376.38	27340.92	29418.59
私人汽车	20574.93	22508.99	24291.19	26152.02
其他机动车拥有量（万辆）	6979.25	6899.43	7266.91	10107.83
民用运输船舶拥有量（艘）	136975	131555	126805	125890
机动船	125754	121440	117931	118025
驳船	11221	10115	8874	7865
沿海港口货物吞吐量（万吨）	922392	918774	948002	997259

数据来源：《中国统计年鉴2022》

基础设施投资对经济增长的正向和负向效应都可以从供给和需求两个方面来体现。先来看正向效应。在供给方面，基础设施投资除了可形成基础设施产品或服务外，更重要的是可以对其他产业的发展产生正向的溢出效应，即通过降低其他产业发展的生产、交易成本或提高其他产业的生产率来促进其他产业的发展。另外，基础设施投资所导致的基础设施改善还有利于进口国内短缺的投入品和吸引外资来提高供给能力。在需求方面，除了基础设施投资本身之外，供给方面对其他产业的正向溢出效应所导致的产业发展必将产生新的投资，即产生挤入效应。同时，基础设施投资还可通过改善消费环境和消费条件来拉动消费需求，通过降低交易和生产成本来促进国内产品的出口等。再来看负向效应。在需求方面，基础设施投资的负向效应主要表现在过量的投资将对其他产业的投资和国民消费等产生挤出效应。在供给方面，需求方面的挤出效应将抑制其他产业供给能力的提高，另外还可能因过量的基础设施投资挤出短缺产品的进口而影响供给能力的提升。当正向效应大于负向效应时，资源配置效率趋于改善，可促进经济增长，而当负向效应大于正向效应时，资源配置效率趋于降低，将阻碍经济增长。

从双循环的角度看，当基础设施投资保持一个适宜的最优规模从而正向效应大于负向效应时，国内的基础设施投资既可促进内循环，又可促进外循环，还可通过促进产品、要素在国内外的流动来增强内外循环间的联系。

（三）基础设施投资对其他产业投资的净挤入效应

从长期来看，基础设施投资对宏观总需求和经济增长的促进主要是通过显著的挤入而不是挤出其他产业的投资来实现的，也就是，主要靠间接的产业溢出效应，而不是本身的直接投资效应来实现的。这种净挤入效应不仅取决于上述的基础设施投资量，还取决于基础设施投资效率以及其他产业的发展状况和宏观经济形势等。

（四）基础设施产业产品（服务）的价格

在保证必要质量的基础之上，基础设施产业产品（服务）的低价格意味着相关产业投入的低成本，低成本意味着这些相关产业产出的增加和价格的降低（在必要的产业竞争压力下），同时也可能意味着这类产业从业者收入和消费的增加，这些自然都有利于宏观经济增长。相反，基础设施产业产品（服务）的高价格则会不利于宏观经济增长。

基础设施产业产品（服务）的高价格可能有多种原因，但作为市场绩效的一个重要表现，高价格与市场结构通常有直接的关系，通常是垄断性市场结构的产物。近些年来我国的一些基础设施产业，特别是一些经济性基础设施产业仍有明显的垄断性，这导致了这类产业的偏高收入和其产品的偏高价格。

居民收入差距与居民消费和宏观经济增长有着直接的关系。近些年来，我国居民收入差距问题一直是学术界和民众颇为关注的一个焦点问题，作为居民收入差距主要组成部分之一的行业收入差距也引起了很多研究者的注意。研究者们普遍认为，多年以来我国的行业收入差距一直明显偏大。行业收入差距过大意味着一部分行业的收入偏高，另一部分行业的收入则偏低。我国目前收入过高的行业的主要组成部分之一就是垄断性行业，也就是说，垄断性行业（产业）的高收入是目前我国行业收入差距过大的一个主要原因。而垄断性行业的主要组成部分之一就是电力、电信、供水等经济性基础设施产业。

既然说我国行业收入差距过大，那就意味着我国行业收入差距中有不合理的部分。既然垄断性行业的高收入是我国行业收入差距过大的一个主要原因，那么垄断行业的高收入中就有不合理的部分。事实也正是如此。总体来看，近些年来我国垄断性行业的收入明显高于竞争性行业，而且其差距中的一部分被认为是不合理的收入。之所以说垄断性行业的这部分收入是不合理的，主要原因就是这部分收入并非来自行业本身创造的价值，而是来源于行业垄断（主要是行政垄断）。目前已有很多实证性研究证明了这一点。

从一般性理论来说，垄断，无论是经济性垄断还是行政性垄断，都可能凭借垄断地位获得高于一般竞争性产业的垄断性利润。但不是所有的垄断性基础设施产业都能获得垄断利润,很多西方国家的垄断性基础设施产业在发展到成熟阶段后虽然仍具有明显的垄断性特征(例如主要由技术经济特征决定的自然垄断性),但其行业收入一般并不明显高于竞争性行业。也就是说,垄断性基础设施产业要获得高于竞争性行业的垄断性收入,仅有垄断地位是不够的,还需要具备一些其他的条件。目前有一种观点认为,我国行业垄断地位只有和国有制相结合才能比较稳定地获得高于竞争性行业的收入。这就说明,目前我国垄断性产业的偏高收入不仅和垄断有关,还可能和所有制有关。当然,这不是说明国有制不好或低效,只是说明一些国有垄断性产业的有关制度还需要完善。从理论上说,国有制与行业高收入并没有必然的联系。一些经济性基础设施产业,因其本身的技术经济特征而需要受到政府的规制,而国有制被看作是一种特殊的规制。从这个意义上也可以说,我国垄断性产业的高收入和政府规制能力有关。当然,这个问题还和潜在竞争等其他因素有关。

二、宏观因素

因为基础设施投资仅仅是影响长期经济增长的多项因素中的一项,所以对长期经济增长的正向或负向效应不仅取决于其自身,还取决于多项相关因素。这些相关因素从宏观的角度看主要是经济形势和政府的宏观经济政策等。从需求的角度来看,特别是从长期来看,基础设施投资拉动经济增长主要是通过促进其他产业的投资和国民消费以及出口来间接实现的,其本身的投资对总需求的贡献比较有限。基础设施投资通过促进消费和其他产业的投资等来拉动经济增长的作用通常被称为乘数效应，即一定量的基础设施投资可以带来多于一倍的需求增长。但乘数效应的大小不仅取决于基础设施投资本身，还取决于经济形势和政府的财政货币政策以及金融制度等。

（一）经济形势

尽管在一些国家中大量的基础设施投资往往与低迷的经济形势相伴随，即作为应对低迷经济形势的一项重要的逆周期调节工具而出现，但如果经济形势过于低迷或者低迷持续的时间较长的话，那么基础设施的投资量无论是大还是小可能都对经济增长的促进作用甚微。

在经济形势低迷的情况下，企业的预期收益不乐观，投资欲望下降，在这种情况下仅仅靠基础设施投资一项通常无法有效拉动投资。而且如果低迷的经济形势已经持续了一段时间的话，企业或地方政府在前期可能已经积累了一定的债务，这样就更难以拉动投资了。例如，在20世纪90年代日本政府那次大规模基础设施投资刺激政策的实施过程中，无论是短期利率还是长期利率都很低，所以应该没有对其他投资产生明显的挤出效应，但国内投资依旧不振[1]，这主要就是由于泡沫经济后低迷的经济形势以及前期的企业债务等导致的。

从消费方面来看，基础设施投资可以通过间接地增加居民收入和直接改善消费环境与消费条件等来促进消费，但在经济形势过于低迷的情况下，居民的当期收入和预期收入的增长率都很低，所以

---

[1] 赵瑾：《日本公共投资：90年代投资低效的原因、改革方向及启示》，《日本学刊》，2014年第6期，第110—123页。

即使在基础设施投资改善了消费环境和消费条件的情况下也不会显著地增加消费。此外，经济形势低迷如果是一个世界性的现象的话，出口也是难以拉动的。近年来受各种不利因素影响，世界经济形势普遍不佳，我国的经济形势虽然相对较好，但也处于比较低迷的状态。以就业为例（见表3-2），近年我国就业形势一直欠佳。

表3-2 2017—2021年我国就业基本情况

项 目	2017	2018	2019	2020	2021
劳动力（万人）	79042	78653	78985	78392	78024
就业人员（万人）	76058	75782	75447	75064	74652
第一产业	20295	19515	18652	17715	17072
第二产业	21762	21356	21234	21543	21712
第三产业	34001	34911	35561	35806	35868
按城乡分就业人员（万人）					
城镇就业人员	43208	44292	45249	46271	46773
乡村就业人员	32850	31490	30198	28793	27879
按登记注册类型分城镇非私营单位就业人员（万人）					
国有单位	6064	5740	5473	5563	5633
城镇集体单位	406	347	296	271	262
股份合作单位	77	66	60	69	62
联营单位	13	12	12	25	22
有限责任公司	6367	6555	6608	6542	6526
股份有限公司	1846	1875	1879	1837	1789
港澳台商投资单位	1290	1153	1157	1159	1175
外商投资单位	1291	1212	1203	1216	1220
城镇登记失业人员（万人）	972	974	945	1160	1040
城镇登记失业率（%）	3.90	3.80	3.62	4.24	3.96
城镇调查失业率（%）		4.9	5.2	5.2	5.1

数据来源：《中国统计年鉴2022》

（二）政府的货币政策

在经济形势既定的情况下，政府的货币政策如果能和基础设施投资较好配合的话，则可以提高基础设施投资，促进其对经济增长的效果，否则会降低其对经济增长的效果。例如有研究就认为20世纪90年代日本包括大量基础设施投资在内的财政政策扩张失败的一个主要原因就是缺乏必要的货币政策的配合。

（三）金融市场的状况

企业投资的前提是具备必要的融资能力，企业融资能力的大小除了自身因素以外，还与外在的金融市场的状况密切相关。金融市场和相关的金融制度的完善有助于增加企业的融资渠道，降低企业的融资成本，提高企业的融资能力。当然，金融市场的资金供给状况也与前述的经济形势密切相关，经济形势不佳的情况下金融机构会普遍出现惜贷的现象。有研究就指出20世纪90年代日本包括大量基础设施投资在内的财政政策扩张失败的一个重要原因就是日本金融机构的惜贷现象。

三、微观因素

如前所述，从中观的角度来说，从长期来看，基础设施投资对宏观总需求和经济增长的促进作用主要是通过对其他产业投资显著的净挤入效应来实现的，而这种中观的净挤入效应与微观的基础设施投资企业投资效率直接相关。一般来说，在基础设施投资未过量的情况下，基础设施投资企业的微观投资效率越高，对其他产业投资的挤入效应就越大，挤出效应就越小，从而净挤入效应就越大。

第二节　中观投资质量的主要影响因素分析

一、中观因素

基础设施高质量投资的中观标准实际上是产业经济层面的标准，具体表现为三个方面：产业组织方面、产业结构方面、产业布局方面。

（一）产业组织方面标准的主要影响因素

1. 市场结构：有效竞争状况

在产业组织方面，基础设施高质量投资的主要标准是基础设施产业本身较好的市场绩效。产业的市场绩效是指在一定的市场结构中，由一定的市场行为所形成的成本、利润、产品质量及技术进步等方面的最终经济成果，反映了市场运行的效率。产业投资会直接形成产业的供给。我们这里把基础设施产业高质量投资中观标准中的产业组织标准，即较好的产业市场绩效具体界定为适量、优质和低价的基础设施产品供给。

自美国经济学家贝恩首创"市场结构-市场行为-市场绩效"（S-C-P）这一分析范式以来，三者之间的关系一直是产业组织理论的研究重点。市场结构是指在特定行业中，企业与企业间在数量、规模、份额上的关系及由此决定的竞争形式的总和，体现了市场的竞争和垄断程度，主要由市场集中度来衡量。市场结构是产业组织研究的起点，市场绩效则是产业组织研究的落脚点。而市场结构与绩效的内在关系，则是产业组织研究的核心问题。本书主要用有效竞争这一概念分析基础设施产业的市场结构。

(1) 有效竞争概念的由来和发展

一般认为,有效竞争这一概念源于"马歇尔困境"(Marshall's Dilemma)。在马歇尔看来,增大规模经济效应和促进竞争之间存在着明显的矛盾,二者甚至难以同时兼得。这就是所谓的"马歇尔困境"。对于这一矛盾,马歇尔试图用任何企业的发展都有"生成—发展—衰退"的过程来说明垄断是不会无限蔓延的,规模经济和竞争是可以达到某种均衡的。但很显然,马歇尔的解决办法似乎过于消极。

在马歇尔之后,一些经济学家对如何克服"马歇尔困境",把规模经济效应与竞争的积极作用二者有效协调起来的问题进行了积极的探索。1940年6月,克拉克(J. M. Clark)在总结前人观点的基础之上,提出了"有效竞争"(workable competition, effective competition)的概念。他认为,所谓的有效竞争,就是指将规模经济和竞争的积极作用二者有效地协调起来的一种竞争状态。但他并没有在此基础之上对实现有效竞争的条件和标准问题做进一步的论述。

在克拉克之后,爱德华·梅森(Edward Mason)将有关有效竞争的主要论述归纳为两大类:一是维护有效竞争的市场结构以及形成这种市场结构的条件,即有效竞争的"市场结构标准";另一类是从竞争可望得到的绩效出发看竞争的有效性,即有效竞争的"市场绩效标准"。在梅森之后,史蒂芬·索斯尼克(Stephen Sosnick)评论了20世纪50年代末之前的所有文献,并依据标准的结构-行为-绩效分析范式来概括了有效竞争的标准。梅森和索斯尼克等人提出的判断标准有一定的理论和实践意义。但这些标准的缺陷也是很明显的。

(2) 有效竞争概念的重新界定

克拉克有关有效竞争的定义只是针对"马歇尔困境",试图解决促进规模经济和积极竞争之间的协调关系。以后,包括我国学者王俊豪等人在内的国内外学者对有效竞争概念的解释基本上都没有超出克拉克的定义。我们认为,从实际应用的角度看,有必要对有效竞争这一概念的具体含义进行重新界定。

我国目前的市场经济仍是不成熟的,作为市场经济基本机制的竞争机制在很多方面都是低效的,因此人们在讨论我国经济发展的很多现实问题时都会提到竞争和有效竞争的问题。可实际上,尽管现在人们在讨论我国的一些具体经济问题时经常使用"有效竞争"这一词,但在使用它的时候,却未必是赋予它学术界所广泛认可的克拉克定义的那个有效竞争的含义,甚至有些使用这一词的人都未必知道克拉克的那个定义。我们认为,人们在使用这一词的时候实际上有意无意地赋予了它使用者自己所定义的特殊含义。尽管人们未必都对这一词有明确的定义,但通常似乎都是把有效竞争看成了充分竞争(perfect competition)或适当(度)竞争。所以,为了使用方便,应该对这一词从理论上进行重新界定。

而且,多年前克拉克对有效竞争的那个定义现在看来似乎也确实应该进行一些补充和修正。作为市场经济的一种基本机制,竞争不仅仅与规模经济相矛盾。从根本来讲,竞争主要与垄断相矛盾,规模经济只是积极垄断的一种表现而已。经济学中所讲的垄断大致可分为三种:一是主要由技术原因导致的"自然垄断"(natural monopoly),二是由少数厂商的合谋行为导致的"行为垄断"(behavioral monopoly),三是由政府限制竞争的法令和政策导致的"法定垄断"（statutory monopoly）①。实际上，这三种垄断从其成因上看，又可归结为市场因素形成的垄断和政府行为导致的垄断。而且，政府组织本就是社会上的一个最大的垄断组织，因此，从广义上说，有效竞争这一概念还应包括对市场竞争与其他垄断行为之间的协调，即积极竞争与合理垄断之间的最佳协调。

我们认为，有效竞争这一概念现在至少应该包含以下三层含义：

第一，在封闭经济条件下主要由市场自发作用形成的合理市场垄断与积极竞争之间的最佳协调（这包含了克拉克对有效竞争的那个定义的主要内容）。在这第一层次的有效竞争中，主要以市场机制的自发作用为主，政府行为主要局限在反市场性垄断等应对市场失灵的比较被动的职能范围之内。

第二，在封闭经济条件下合理、积极的政府干预（如部分政府规制和产业政策等）导致的市场垄断与积极竞争之间的最佳协调（这包含了克拉克对有效竞争的那个定义的另一部分内容）。在这一层次的有效竞争中，政府行为主要体现为以促进社会福利最大化为目标的积极干预活动，其行动导致了市场垄断的增加或限制了市场竞争（如增强了市场垄断势力的政府主导型市场重组或政府以限制竞争为目的的对企业之间的协调）。在现代，即使在发达国家，政府的主动干预也是广泛存在的，特别是在政府主动干预传统比较重的国家或地区（如东亚国家）。在发展中国家，因市场经济发育的不足和迫切赶超的需要，政府主动干预的范围通常更广，干预的程度也往往更深。一部分主动的政府干预有其合理性和积极作用（我们称

---

① 张维迎：《电信业竞争规则的形成与反垄断问题》，载张曙光《中国制度变迁的案例研究（第2集）》，北京：中国财政经济出版社，1998年版，第121页。

之为政府的积极干预），政府主动干预所导致的一部分市场垄断（甚至是行政垄断）也是如此。所以，有效竞争还意味着积极市场竞争与积极的政府主动干预所导致的市场垄断之间的有效协调。在政府干预传统较重，且实际干预也较多的国家（如东亚国家）或处于转型时期的发展中国家，实现或趋近第二层含义上的有效竞争就更为重要。

第三，在开放经济的条件下，国内市场竞争效率与民族产业国际竞争力之间的最佳协调。近年来，西方发达国家的一些大企业（特别是一些跨国公司）仍在国际市场上不断地以兼并收购等形式大力扩大企业规模，其目的就是通过增大规模经济效应来增强企业的国际竞争力。这说明，即使是在国内市场已接近有效竞争的情况下，随着国际市场上竞争格局的变化，国内市场竞争效率与产业国际竞争力之间还需要不断地协调。而国际市场竞争格局的变化通常更剧烈，因此，第三层含义上的有效竞争相对来说就更难实现。

当然，有效竞争这三个层次之间存在着紧密的联系。实际上的市场竞争格局一定是市场机制和政府行为（包括被动的政府行为和积极的政府行为）共同作用的结果，在那种垄断性、外部性和公益性很强的行业中就更是如此。在现实中，市场自发形成的市场垄断与政府主动干预所导致的市场垄断往往是混合在一起的，很难把二者清楚地区分开。这里只是为了方便分析和说明才把它分成这三个层次。

有效竞争意味着积极的市场竞争与垄断的最佳协调，实际上也意味着最佳的竞争程度或竞争格局。简单地说，也可以把有效竞争看作适度的竞争。但需要说明的是，竞争不足不一定意味着垄断的过度。在一些情况下，事实上积极竞争不足和积极垄断不足是同时存在的。例如，当年我国电信网与其他具有可竞争性的信息传输网络之间"并存而不（充分）竞争"的状况便是如此。

关于有效竞争的传统含义，即规模经济效益与竞争效率之间的最佳协调状况，国内研究者王俊豪认为它不是一种点状态，而是一种由适度规模和适度竞争相交部分所组成的区域状态[①]。另外，也有人用"马歇尔缓冲区"的说法表达了类似的观点。我们认为，把有效竞争状态看作一个区域是可以的，但实际上即使就某一特定的产业来说，也很难明确这个有效的"区域"。虽然一些研究者（主要是国内研究者）基本上都力图把有效竞争这一概念界定为一个区域状态，但似乎并没有明确这一区域范围的具体界定方式以及较具体的基本特征。这也使其对政策实践没有多少帮助。从理论上看，也许没有必要（甚至也不可能）对有效竞争这一概念的区域状态做进一步的精确表述。

我们认为，把有效竞争看作是一个点状态是完全可以的。但与一般的传统观点不同，我们倾向于把这个点看作是一个似乎永远也达不到的理想境界，把促进有效竞争视为趋近这一理想点的努力。今天看来，这句话仍是很有道理的。我们认为，这句话实际上也恰恰说明了有效竞争这一概念如同完全竞争一样，只是人们努力的一个理想参照点而已，在现实中是无法达到的。据说克拉克当初是针对完全竞争概念的非现实性而提出他的有效竞争概念的。可实际上，像完全竞争一样，无论是在理论还是在实践中，有效竞争这个词同样意味着一个似乎永远也无法达到的理想境界。而且我们认为，完全竞争也可以被看作是有效竞争的一种特例，是在某种特殊市场结

---

① 王俊豪：《论有效竞争》，《中南财经大学学报》，1995 年第 5 期，第 56—61 页。

构条件下的有效竞争。因为完全竞争状态在某种特殊的市场结构下意味着最佳的效率，所以当然是"有效"的。

有资料显示，在市场经济比较发达的国家和地区，如美国、欧洲和日本，多数产业已经达到了产业规模经济水平的理想状态，即主要生产企业都是达到经济规模的企业，尤其是那些规模经济性显著的产业，如钢铁、石油化工、汽车、家电等。这些国家（特别是美国）的市场经济已经基本发育成熟，所以竞争机制也已基本完善。因此在这些国家，很多产业都已趋近第一、二层含义上的有效竞争，特别是克拉克所定义的那种有效竞争了。上述西方发达国家的开放程度通常较高，开放时间也较长，所以其大部分产业也已基本趋近第三层含义上的有效竞争。

在包括中国在内的大多数发展中国家中，市场经济的发育仍然不足，产业结构调整也还未到位。因此这些国家的很多产业，特别是那些改革滞后的产业，距离第一层含义上的有效竞争状态仍有很大的距离。在这些国家，因市场机制发育不足和传统体制的势力依然很强等原因，大部分的市场垄断都是与国家的主动干预密切相关的。但这些国家很多主动的政府干预都是低效或者不合理的，再加上市场竞争机制发育的不足，因此这些国家的大部分产业距离第二层含义上的有效竞争状态也仍有很大的距离。同时，在这些国家，国内很多民族产业的国际竞争力仍很弱，因此国内市场竞争效率与民族产业国际竞争力之间的有效协调，即第三层含义上的有效竞争也未接近。

(3) 从产业组织理论在美国的发展看有效竞争的变化

实际上，从产业组织理论在美国的发展及其对政府产业政策的影响也可清楚地看出美国市场从第一、二层含义上的有效竞争，特别是第一层含义上的有效竞争（美国社会对自由市场经济体制的崇尚使政府对市场格局的积极干预较少，因此第二层含义上的有效竞争并不显著）向第三层含义上的有效竞争的演变。

20世纪六七十年代在产业组织领域颇有影响力的哈佛学派的"结构主义"产业组织理论依据S-C-P分析框架认为，垄断的市场结构会产生垄断的市场行为并进而导致不良的市场绩效（主要是资源配置的非效率）。因此这一学派主张对经济生活中的垄断行为进行规制，以期形成和维护有效竞争的市场结构。哈佛学派的这种政策主张对第二次世界大战后以美国为首的西方发达市场经济国家反垄断政策的实施和强化都曾经产生过重大的影响。在"结构主义"产业组织理论占主流地位的1970年前后，一批大型反托拉斯案件相继在美国被提出诉讼，其中包括1969年由美国司法部提出诉讼的国际商业机器公司（IBM）案和1973年的埃克森公司等8家石油精炼公司案等。

但是，从20世纪80年代开始，"结构主义"产业组织理论的这种力度较大的反垄断政策却受到了越来越多的质疑。主要原因之一就是70年代后期以后曾经是世界最大最强的一些美国的传统优势产业受到了日本和其他一些国家和地区的巨大冲击，国际竞争力不断下降，而实施世界上最严厉的反垄断政策则被认为是削弱美国产业竞争力的要因之一。因此，80年代里根政府执政的8年中，基本上采用了"自由放任"的芝加哥学派的主张，大大缓和了反垄断的力度。上述的IBM公司案和埃克森公司等8家石油精炼公司案等都在经历了长达十年甚至十几年的诉讼后分别在里根政府执政后的1981年、1982年以司法部的撤诉而告终结。

我们认为，上述美国反垄断政策的变化主要就是对国内市场竞争效率与产业国际竞争力之间的一种协调，即对第三层含义上的有效竞争的追求。当然，美国产业国际竞争力下降并不是美国反垄断政策变化的唯一原因。

最后，需要补充的是，有效竞争中的"有效"不应仅仅是指"有效率"，还应指在各种现实约束条件下的"实际可行性"，即在各种现实约束（如政治约束）条件下上述三层含义的理想状况的最佳可行程度。

（4）过度竞争的含义

何为过度竞争？人们引用较多的是日本小宫隆太郎的定义，过度竞争是指这样一种状态：某个产业由于进入的企业过多，已经使许多企业甚至全行业处于低利润率甚至负利润率的状态，但生产要素和企业仍不从这个行业中退出，使全行业的低利润率或负利润率的状态持续下去①。

1959 年，贝恩在其《产业组织》中第一次明确使用了过度竞争这一概念，并对非集中产业特别是原子型市场结构产业过度竞争的现象、特征、原因及政策进行了较为系统的研究。但是，后来对过度竞争问题进行进一步深入研究的主要是日本学者。在日本，过度竞争有时被称作"过当竞争"（当然，也有人认为这二者不是一回事，例如，小宫隆太郎就认为过度竞争与过当竞争是两个虽然接近但却有着严格区分的概念）。什么样的情况才能被称为过当竞争或过度竞争呢？尽管经过了很长时间的讨论，日本学术界似乎也没有对过度竞争或过当竞争的具体含义形成一种共识。两角良彦曾对过当

---

① ［日］小宫隆太郎：《日本的产业政策》，北京：国际文化出版公司，1988 年版，第 13—14 页。

竞争有这样的解释："由竞争所造成的国民经济的损失大于由竞争所获得的国民经济利益。"不过，有人认为这种解释显然过于抽象和模糊了，很难具有分析性的实质内容。可我们认为，从基本含义界定的角度来看，可以借用两角良彦对过当竞争的定义来界定过度竞争（即也认为过度竞争和过当竞争在基本含义上是一致的）。但两角良彦这种解释确实过于笼统，竞争所造成的损失和收益很难进行具体衡量。因此，我们认为有必要用小宫隆太郎的定义来补充和具体衡量过度竞争问题。

2. 政府规制

为了有效改善我国基础设施产业的绩效状况，学术界提出了各种观点。归纳起来看，主要有以下几类：一是认为应该调整这类产业的市场格局，进一步加强市场竞争程度。二是主张进一步放宽市场准入规制，在这类行业大幅度推进民营化。三是强调要进一步加强政府对这类产业的规制。对于改善我国这类产业的绩效状况而言，上述三类措施应该说都有一定的作用。但这几类措施间的关系又如何呢？哪类措施是相对来说最重要的呢？对此，学术界的观点并不一致。我们认为，在上述三类措施中，第三类措施，即加强政府规制是这几类措施中最重要的一类，其实施效果直接决定着第一、二类措施的实施效果。学术界已有一些相关分析指出了政府规制相对于上述其他两类措施的重要性，特别是强调了在上述几类措施的实施顺序上应该优先加强政府干预。但我们认为学术界已有相关研究关于政府规制状况对其他两类措施实施效果的决定性影响作用的分析仍显不足，所以本书将对这一问题做进一步的分析。

(1) 基础设施产业与政府规制

一般来说，产业绩效主要决定于主导企业的绩效，而主导企业的绩效有两个主要的决定因素：市场结构（外部因素）和产权结构（内部因素）。通常来说，企业绩效不佳的原因也主要在于所处的市场结构和产权结构的低效。

市场竞争、民营化和政府规制对市场结构和产权结构这两项企业绩效的决定因素都有一定的影响作用，所以它们都可在一定程度上改善企业绩效并进而改善产业绩效。但市场竞争的程度和民营化的效果通常又是由政府规制水平来决定的。

对于政府规制，通常也有多种定义。本书所使用的是一种比较广义的定义。从《新帕尔格雷夫经济学大辞典》的解释来看，规制的含义有广义和狭义之分。广义的规制可指所有政府干预市场主体（主要是企业组织）的行为，这种干预包括宏观和微观两个层面的干预。另外，丹尼尔·F. 史普博所定义的规制似乎也属于广义上的规制。他认为，规制是由行政机构制定并执行的直接干预市场配置机制或间接改变企业和消费者的供需决策的一般规则或特殊行为[①]。在这一层意义上，政府规制不仅指通常的规制机构所实施的规制行为，还包括反垄断机构所实施的管制行为以及更广泛意义上的针对某一产业的政府干预行为。

从广义上讲，国有制也可看作是一种政府规制形式，只不过是一种比较特殊的政府规制形式。实际上，在基础设施产业中，国有制并不少见，绝大多数国家的电信、电力和铁路等基础设施产业都曾由国有资本垄断性经营。虽然很多西方工业化国家的第一家网络型基础设施企业是由私人创立的，但后来很多基础设施产业都被国

---

① ［美］丹尼尔·F. 史普博：《管制与市场》，上海：上海三联书店、上海人民出版社，1999年版，第2页。

有企业主导了。即使是经过了20世纪末世界范围内的大规模放松规制运动，国有制仍被很多国家的基础设施产业所保留着。

基础设施产业本身具有显著的公益性、自然垄断性（特别是在基础网络方面）和基础设施性，这使之必然会受到政府的规制。基础设施产业的这些特点使其提供的服务具有较显著的正外部性，也使其提供的服务与广大民众或企业的利益密切相关，并使得不受约束的网络型基础设施企业有可能利用其垄断优势损害广大消费者的利益。因此社会民众需要关注并约束这类企业的有关行为，以便保护自身利益。而政府组织正是目前代表多方利益且具有一定强制力的社会组织，所以社会民众自然会试图寻求政府组织通过干预基础设施企业的有关行为来保护自身利益。同时，基础设施产业本身的一些特点也使得政府容易通过对它的规制达到一定的调节社会组织之间利益的目的。而且，基础设施产业在整个国民经济中的基础性、先导性地位也使得关心宏观经济效益的政府组织必然试图干预其发展。

（2）基础设施产业市场竞争与政府规制

经过多年的市场结构调整，我国各主要基础设施产业的市场竞争程度已大大提高。但市场竞争本身并不能有效解决基础设施产业绩效方面的所有主要问题，而且这类产业的竞争通常注定是不充分的。

首先，基础设施产业一般都具有比较典型的业务垄断或区域垄断特征，其基础网络部分又具有显著的自然垄断性质。所以在这类产业的市场上，一方面厂商容易凭借其网络部分的自然垄断优势或其他规模优势而逐渐取得明显的垄断地位，另一方面市场上仅有的少数寡头厂商也比较容易勾结起来共同维持其垄断地位。另外，目前我国基础设施产业的主体部分仍旧由国有资本控制着,而且在未来十余年内这种状况应该不会有实质性的改变,而国有企业间的产权同质性竞争也注定是不充分的。当然,因为预算软约束等原因,国有企业间也可能出现过度竞争。过度竞争虽有利于降低垄断性产业的高收入,却不能很好地解决低效率的问题,而且在国资委等部门的调控下,我国基础设施产业的过度竞争问题并不突出,即使出现也是暂时性的或局部性的。

当然,一些基础设施产业中的这种与竞争性产业相比明显偏低的市场竞争状况有时也可能是合理的,是可以使这类产业达到最佳的绩效状况的。在产业经济学中,这种虽然看起来不够充分但却可以使产业达到最佳绩效状况的市场竞争程度一般被称为有效竞争状态。

如前所述,20世纪40年代,为了解决"马歇尔困境"问题,经济学家克拉克在总结前人观点的基础之上,提出了"有效竞争"的概念。但基础设施产业的竞争从来都是在政府规制之下的竞争,政府规制状况直接决定了市场竞争的程度,即决定了实际的市场竞争与理想的有效竞争之间的差距。有学者指出,自由化的理由是,竞争比规制提供了更强、不易受操纵的效率激励。完全竞争提供的是最强的效率激励,而且把所有的收益都转移给了消费者,因此解决了租金讨价还价的问题。但是竞争从来都不是完全的,竞争市场的实际问题是,首先如何形成有序的竞争,产生比规制更高的效率,其次是如何把效率收益转移给消费者①。而有序竞争的形成和把效率

---

① [英]戴维·M. 纽伯里:《网络型产业的重组与规制》,北京:人民邮电出版社,2002年版,第163页。

收益转移给消费者都离不开政府规制。例如，斯蒂格利茨就曾特别强调政府对合理竞争的保护作用。他说："市场经济成功的核心是竞争、市场和分权。在政府起重要作用的经济社会中仍然可能具备这三个要素。的确，如果竞争需要保护的话，政府必须发挥重要的作用。"①

实际上，即使是在市场机制比较完善的美国等西方发达国家，基础设施产业的竞争也是在政府规制之下的竞争。例如，1894年贝尔电话公司主要专利保护期满，导致了新进入者的蜂拥而至和一段时间的进攻性竞争，而贝尔公司则试图通过拒绝互联来限制进入。竞争双方通过政治游说展开了较量，一方企图寻求限制进入以保护自己，另一方则企图强迫互联。最后，当时贝尔的总裁西奥多·维尔（Theodore Vail）决定，与其和竞争者在一个奢侈的市场上斗得两败俱伤，还不如接受规制来换得限制进入保护，在此基础上再打造一个建立在高技术基础之上的占有大部分市场份额的垄断企业。随着1921年《威利斯-格雷厄姆法》的通过，贝尔公司可以不受限制地收购独立企业，到1930年为止，它已占有了79%的市场份额②。

（3）基础设施产业的民营化与政府规制

如前所述，世界上大部分国家的基础设施产业都曾由国有资本垄断性经营。而从产权结构来看，国有企业的公有产权确实具有一些对提高企业效率或改善产业绩效不利的因素。例如，在信息不对称和"搭便车"等现象普遍存在的情况下，作为委托人的全民很难

---

① 毛增余：《斯蒂格利茨与转轨经济学》，北京：中国经济出版社，2005年版，第72页。

② [英] 戴维·M. 纽伯里：《网络型产业的重组与规制》，北京：人民邮电出版社，2002年版，第22页。

对代理人进行有效的监督，从而使得所有者利益有可能被侵蚀，出现"内部人控制"等现象。同时，国有垄断性企业因与有关政府部门（包括其所在行业的监管部门）的关系过于密切而使垄断的弊端有时表现得更为突出。所以很多研究者都认为民营化是改善基础设施产业绩效的主要途径之一，甚至有时被看作是最重要的途径。

20世纪末很多西方国家的民营化（有时也被称作是私有化）确实显著改善了这些国家基础设施产业的绩效状况。但也有一些案例显示，民营化（或私有化）后的基础设施企业的绩效并不优于同类行业的国有企业。也就是说，民营化本身并不必然改善基础设施产业的绩效。对基础设施有较多研究的纽伯里曾指出："国有基础设施和受服务成本规制的纵向一体化私人基础设施之间在效率上的差异可能非常小。"[①] 很多西方学者的相关研究都表明，私营本身并不一定优越于国营。从国际经验来看，一些国家由国有经济控制的基础设施产业确实也表现出了较高的效率。例如，在新加坡，国有资本就一直在控制着电信业，但新加坡电信业也取得了良好的经营绩效。

实际上，无论是民营企业还是国有企业，保持一个竞争的外部环境都是取得较好绩效的必备条件。一些案例显示，国有企业可以在保持国有产权的条件下，通过引入外部竞争来提高其绩效。例如，加拿大的铁路运输业曾由一家私营的加拿大太平洋铁路公司（CP）和另一家国有的加拿大国有铁路公司（CN）两家公司承担。这两家规模相似、业务相同、经营环境相近，唯有产权不同的企业却并无明显的效率差别。加拿大国有铁路公司的经营效率之所以不逊色于

---

① [英]戴维·M.纽伯里：《网络型产业的重组与规制》，北京：人民邮电出版社，2002年版，第5页。

同行业的民营企业有一个重要的前提条件，那就是对国有铁路企业而言，加拿大政府的角色仅仅限于股东，不对企业进行超过股东权之外的干预。政府为 CN 确定了明确的纯商业运营原则，企业从而可以按照市场交易的原则行事。政府对铁路业的管制也不因两家公司所有权不同而有所不同[1]。我国学者林毅夫在讨论中国的国企改革时也认为，如不能创造竞争条件和环境去完善市场机制，而是在所谓产权关系上做文章，对于解决真正的问题只能是缘木求鱼。如果说企业制度的效率确实存在充分必要条件的话，那就是充分而公平的竞争[2]。如前所述，基础设施产业的竞争状况主要是由政府规制来决定的，所以民营化的效果也最终决定于政府规制状况。

从各主要的绩效指标来看，民营化因其产权明晰等优势确实有助于显著改善基础设施产业的效率问题，在民营化的初期基础设施产业的高价格和高收入往往也会明显下降。但从长远来看，民营化本身并不能有效解决这类产业的高价格和高收入问题。民营化初期明显降低的价格和收入也很有可能会在民营化后期再次显著提高，甚至提高到民营化以前的水平。这里我们来看一个墨西哥基础设施产业民营化（或者称私有化）的例子。20世纪末，墨西哥国有企业大规模私有化的过程中，国有垄断企业墨西哥电信（Telmex）被私有化，墨西哥人埃卢与法国电信、西南贝尔联手买下了这家垄断性企业。私人资本的接手确实大大改善了这个效率低下的国有企业的经营状况。但这一私有企业仍是一个名副其实的垄断企业，其绝对

---

[1] 王跃生：《国有企业的效率、竞争与民营化——日本、加拿大国铁案例的再讨论》，《经济科学》，1997 年第 4 期，第 56—62 页。

[2] 林毅夫、蔡昉、李周：《国有企业改革的核心是创造竞争的环境》，《改革》，1995 年第 3 期，第 17—28 页。

的垄断地位使得墨西哥的电信资费一直偏高。相伴随的自然还有垄断企业显著偏高的利润率。在这个案例中，政府没能通过规制保证足够的市场竞争，所以也就不能解决这类产业的高价格和高收入问题。

另外，民营化过程本身也需要政府的正当规制。很多案例都显示，成功的民营化需要政府完善相关的规章制度并保证公正、公开的运作程序。例如，新加坡基础设施产业民营化的经验就表明，在制度和规章完善的环境下，实施民营化会更成功。

（4）完善国有企业公司治理结构与政府规制

目前我国基础设施产业主要被国有资本垄断性控制，而且这种国有资本的垄断还将在这类产业持续较长一段时间。国有制可以看作是一种比较特殊的政府规制形式，国有企业的公司治理结构便也可看作是国有制这种特殊的政府规制形式的一部分。但目前我国政府控股的基础设施企业的公司治理结构却已表现出了明显的低效，这也是目前我国这类产业绩效不佳的重要原因。

规制方式的改变可以在一定程度上完善我国基础设施企业的公司治理结构。首先，需要完善公司内部的激励和约束机制。在我国国有资本控股的基础设施企业中应充分发挥董事会在公司治理中的核心作用，在董事会的构成上要改变现在的由公司内部经营者控制的局面，吸纳足够的外部人员；要明确董事会的法律责任，赋予股东对董事会失职的诉讼权力；要确保由董事会按照《公司法》等规定，行使聘任或解聘公司经理的权力，使董事会能够对经理层形成硬性约束；要在我国这类企业中确实加强外部董事的积极作用；要改变目前这类公司中监事会作用发挥不够的局面，充分发挥监事会的监督作用；还应进一步规范经理阶层的报酬，使其实际收入显性化和货币化。其次，还需要完善外部市场结构，增强外部约束。在这方面，要逐步完善国内资本市场；增强外在产品市场的竞争程度，为企业施加必要的改制和创新压力；培育和完善经理市场以及进一步提高政府监管效率等。

在西方发达国家，规制制度变革主要表现为放松规制，但在我国却表现为放松规制与重建规制两种形态。这是因为，在西方发达国家规制制度已经比较成熟。近30年来相关技术和市场需求的变化导致了市场可竞争性的增强，规制制度的变革为了适应这一变化主要表现为放松规制（因为市场可竞争性的增强意味着规制需求的减少）。而在我国，至今各主要基础设施产业仍为国有经济垄断性控制，虽然国有制也可看作是一种规制，但在目前却仍需完善，所以目前我国基础设施产业的规制制度变革一方面表现为以增强市场竞争为目的的放松规制，另一方面又表现为现代意义上的规制体系的完善。虽然经过了多年的改革，但目前我国基础设施领域的规制状况仍有待改进。一项相关研究在实证分析后就指出，综合来看，我国基础设施建设还有较大的潜力空间，但目前基础设施建设的着力点不应是单纯地追求投资数量增加和建设规模扩大，而是如何通过基础设施建设更多地拉动基础设施以外的劳动投入和资本增量增加以及促进劳动边际生产率和资本边际生产率提高。对于通信基础设施来说，除了促进竞争外，还应健全通信价格形成机制，对价格垄断现象进行合理监管[①]。

[①] 方福前、田鸽、肖寒：《基础设施对中国经济增长的影响及机制研究——基于扩展的Barro增长模型》，《经济理论与经济管理》，2020年第12期，第13—27页。

3. 市场化程度：以垄断性基础设施产业收入与市场化为例

基础设施产业的价格、产量、质量、利润、收入等绩效表现通常都与市场化程度有关，很多较差的绩效表现的主要原因之一也是市场化程度的不足。市场化程度不足会导致市场竞争不足，产业生产效率偏低，进而导致一系列较差的产业绩效。这里主要以产业收入为例进行分析。电力、电信、供水等经济性基础设施产业的偏高收入既是较差的产业绩效的表现之一，又是导致其他一些较差产业绩效的重要原因。同时，其他受基础设施影响显著的产业的市场化程度也对基础设施产业的绩效产生重要影响。一项研究就显示，属于数字化基础设施的"宽带中国"示范城市政策显著提升了企业技术创新水平。具体来说，"宽带中国"示范城市政策可以通过降低创新成本和加强研发合作来促进企业技术水平的提升，但基于异质性的研究也发现：市场化水平、所有制性质、行业竞争程度以及地理区位属性等都会对数字化基础设施的创新提升作用产生差异化影响[1]。下面以基础设施产业本身市场化程度与产业绩效的关系进行具体分析。

（1）垄断性基础设施产业偏高收入的危害

众所周知，国民经济的良性发展意味着效率与公平的协调促进。但我国垄断性产业这种不合理的偏高收入既损害了国民经济的总体效率，又严重破坏了居民收入分配的公平性。目前垄断性基础设施产业基本上都属于对国计民生有决定性影响的基础产业或关键产业，所以其发展状况对整个国民经济的发展水平有直接的影响。如果垄

---

[1] 徐扬、刘育杰：《数字化基础设施建设与企业技术创新——基于"宽带中国"示范城市政策的经验证据》，《南京财经大学学报》，2022年第4期，第77—87页。

断产业的偏高收入对其他产业的生产效率产生了积极的激励作用，从而提高了整体国民经济的发展水平，那么这种偏高收入还是合理的。可实际上我国垄断产业的偏高收入不但没有对其他产业生产效率起到积极的激励作用，反而很可能和缺乏竞争压力等因素相结合而降低了其他产业的生产效率。这意味着垄断产业会把更多的努力用于维持或加强垄断地位，而不是提高生产率。而且，垄断产业的一部分偏高收入直接来源于产品的偏高价格，从而提高了相关产业的生产成本和降低了消费者剩余，降低了整体国民经济的生产效率。

（2）垄断性基础设施产业的偏高收入是市场化不足的产物

与计划经济相比，市场经济条件下的收入差距，包括行业收入差距往往会更大一些。但我国目前偏大的行业收入差距却不是经济市场化过度导致的结果，更不是市场化必然的结果，而是市场化不足和政府规制不力的结果。其实，在发展到相对比较成熟的阶段以后，西方发达市场经济国家的电力、电信等垄断性基础设施产业的垄断性也仍旧很强，但整体行业收入差距并不大，垄断性基础设施产业的收入并不明显高于其他竞争性产业。改革开放以来，我国整体经济体系的市场化程度不断加深，但今天这些偏高收入的垄断产业的市场化改革却一直滞后于整体市场化改革进程，这也是这类产业能够维持偏高收入地位的主要原因。导致垄断产业偏高收入的市场化不足主要表现为市场竞争的不足和政府规制的不力等。

市场经济意味着资源配置过程中竞争机制要充分发挥作用。在竞争充分的情况下，各行业间的利润或收入会趋向于均等，行业间过大的收入差距问题一般也不会存在。目前我国垄断产业的偏高收入之所以能够持续存在，主要是因为相关的竞争机制没能充分发挥作用，市场竞争明显不足。市场竞争机制不能充分发挥作用的主要原因是市场体系是不完整的，相关市场在很大程度上是因行业界限而分割的。由于政府的行业准入规制等原因，民营资本由竞争性产业向垄断性基础设施产业流动会受到很多限制。因为隐性保护等原因，劳动力由竞争性产业向垄断性基础设施产业流动有时也会遇到一些障碍。而且，因为目前我国垄断性基础设施产业基本上为国有资本所掌控，所以尽管有些垄断性基础设施产业中已经出现了多个有竞争力的国有企业，但产业竞争往往还是不充分的。

当然，垄断性基础设施产业因其产业本身的一些经济技术原因（例如一些产业与国计民生关系重大或属于自然垄断产业），在发达的市场经济条件下仍会有显著的垄断，甚至是国有资本垄断的特征，也就是说不可能达到竞争性产业那么高的竞争程度。但在高质量的规制条件下，这类产业与竞争性产业间的收入差距仍可保持在一个合理的区间内。所以我国垄断产业偏高收入长期得以保持的另一个主要原因就是我们相关政府规制机构的低效。其实在很大程度上垄断性基础设施产业市场竞争的程度也是由规制的质量决定的，所以政府规制的低效可以说是我国垄断产业偏高收入的更深层的原因。当然，政府规制质量本身也是由经济、政治、司法制度以及自身的发展阶段等因素所决定的。

（二）产业结构和产业布局方面标准的主要影响因素

尽管适宜的基础设施投资可以促进产业结构升级和全要素生产率的提高，但它仅仅是影响产业结构升级和全要素生产率提高的一项因素，所以单纯的基础设施投资未必能有效促进产业结构升级和全要素生产率的提高，甚至可能适得其反。这就要求基础设施投资与产业技术水平、管理水平、融资能力等其他影响产业结构升级和全要素生产率提高的因素相适应和协调，过少的投资将因短板效应而影响其他因素正向作用的发挥，而过多的投资又会导致资源配置的低效浪费。仍以20世纪90年代的日本为例，当时日本的信息产业发展滞后，导致了产业结构转型缓慢和基础设施投资没能有效拉动新的投资和消费，而信息产业发展滞后的主要原因是当时日本的信息技术发展相对滞后。

二、微观和宏观因素

作为中观的产业层次的投资质量，无疑还会受到宏观经济形势、宏观经济政策、金融市场发育程度等的影响。在有利的宏观形势下，基础设施投资会有相对较好的产业绩效，能更好地促进其他产业全要素生产率的提高或产业结构的优化升级。在整体经济形势不佳或不利的货币财政政策下，一般产业的投资质量也会比较低。中观的产业是由微观的同类企业组成的，所以企业的微观投资质量自然会直接影响到产业的投资质量。

第三节　微观投资质量的主要影响因素分析

微观的企业投资质量主要受企业的技术水平、公司治理结构、企业的所有制形式、中观产业市场竞争程度及宏观经济形势和政府的宏观政策与中观规制政策等因素影响。目前在双循环和高质量发展的背景下，我国基础设施投资企业微观投资质量的提高仍需主要依靠国有基础设施投资企业公司治理结构的完善、民营资本投资比例的提高和加强行业监管等。

一、企业公司治理结构

(一) 公司治理结构对企业投资质量的重要性

一些研究显示,影响企业绩效的主要因素来自企业内部。就企业内部因素而言,最主要的就是公司治理结构。而且,外部竞争压力最终要通过对企业内部治理结构等因素的影响来起作用。公司治理结构在一定程度上决定着企业在产品市场上的竞争意愿和竞争能力。不同的公司治理结构也会体现出企业与政府之间的不同关系,体现出各国历史、政治和文化方面的差异。所以公司治理结构的完善无论对改善我国基础设施产业国内市场效率还是提高我国基础设施产业国际竞争力都十分重要。

(二) 公司治理结构问题

公司治理结构是现代企业制度的核心。它是用来调节投资者、公司经理层和员工之间关系的一套制度安排,其实施目标是保证公司的有效运行。公司治理结构主要包括:如何配置和行使控制权;如何监督和评价董事会、经理人员和员工;如何设置和实施激励机制等。简单地说,公司治理是以公司价值最大化为目标的一整套约束和激励机制。从现有的公司治理模式来看,主要有以美国为代表的美英模式和以日本、德国为代表的日德模式。

美国公司治理体系通常具有明显的"市场导向"特征。在美国,资本市场流动性强,股市发达,公司所有权相对分散。公司资产主要来自个人和机构投资者,管理者受外部市场监督,同时受一般由外部人控制的董事会监督。美英模式的优点在于给予经营者较大的自由权,使企业具有最大的灵活性,根据市场变化实现自由经营,同时也有利于生产要素的自由流动和市场化高效率配置。但也有不足之处：一是经营者的行为易受资本市场的影响，出现短期性或较强的投机倾向；二是要求有比较成熟且完善的市场体系的支撑。

日德模式则特别强调重视公司大股东的内部监控，外部市场尤其是公司控制权市场的监控作用很小，有关法规也不如英、美等国完善。该模式偏重于直接控制，董事会的权力与作用较大，大股东的直接监督力强。该模式以"关系导向"为特征，公司的所有权集中，机构间相互持股，资产主要来自并受控于银行和财团，资本市场流动性较差。日德模式的优点在于有助于促使经营者追求企业长期的可持续发展，同时有利于企业增加对负有社会责任的商业交易和人力资本培育方面的考虑。但该模式也使公司负担着日益增长的劳动力及其他一些方面的成本负担，并在一定程度上可能会抑制企业的创新能力。

在美国，人们总是期待高层管理部门最大限度地增加股东价值，做不到这一点，就会受到来自董事会和股东的压力，甚至面临着敌意兼并的威胁。而在日本，最大限度地增加股东价值常常被认为是短视、低效、简单化，甚至对整个社会不利。人们的要求是企业要对消费者、供应商、雇员、政府、债权人、股东乃至整个社会的利益都加以权衡。

（三）我国基础设施产业国有企业的公司治理结构问题

我国基础设施领域国有资本控股企业公司治理结构的低效源于内外两方面的原因。从外部的原因看，这类企业来自外部的约束严重不足。第一，由于我国基础设施产业企业的大部分股份都为国家所有，因此资本市场对它的约束力很低。第二，因为大部分业务市场都呈垄断特征，所以产品市场对这类企业的压力较小。第三，从监管环境来看，现有的监管机构对这类企业的约束力也较小。这一方面是因为在现有的经济、政治体制下，现有法律对有关监管机构的授权不足，另一方面是因为我国有关监管机构本身还存在很多缺陷，如人力和经费不足，经验欠缺，机构设置不尽合理等。从内部的原因看，这类企业的内部约束亦明显不足。第一，股东大会不能对董事会进行有效约束。政府机构以行政性委托方式派出的委托人实际上并不是公司资产真正意义上的所有人，其目标函数通常与国家利益并不一致，这样必然会发生委托代理问题，导致股东大会不能对董事会进行有效约束。第二，董事会缺乏对经理人员的有效约束。按照现代公司制度的要求，董事会成员应由股东大会选举，高级经理应由董事会聘任并接受董事会监督。但在我国的国有控股公司中，国家股占有绝对优势，董事会成员和经理人员经常仍由政府组织人事部门直接任命和委派。从董事会的结构和作用看，其成员主要来自各大基础设施公司的高管人员及部分离退休高管人员。虽然也引入了独立董事，但受其在董事会中所占比例、掌握内部信息程度及参与力度的限制，起到的作用比较小。这导致董事会功能明显弱化，很难发挥对经理层应有的控制和制衡作用。第三，监事会起到的作用微乎其微。在现代公司制中，监事会由股东大会选举，对董事会和高级经理人员进行监督约束，而在我国基础设施公司中，同样因为国家股占绝对优势，监事会成员也经常由国家指派，他们很难对董事会和高级经理进行有效监督。第四，我国基础设施公司内部的激励机制也很不完善。

这里以电信业为例。就我国电信公司而言，现阶段的治理特征既不符合英美模式，也不完全符合日德模式。相比较而言，偏重日德模式的成分多一些。因为企业内部的"老三会"（党委会、职代会与工会）与"新三会"（股东会、董事会和监事会）或多或少地能够发挥一定的制衡作用，同时政府也对经营者某些方面的权力加以限制，体现出一定的公有制企业治理模式的特点。但总体而言，与日德模式相比，我国电信行业现有模式中的内部制衡机制本质上是比较脆弱、不稳定、非制度化的。在目前的我国电信业，国有股"一股独大"且没有形成相互有效制衡的机制，导致了我国电信企业内外的约束机制都很不完善。由于我国电信企业的大部分股份都为国家所有，因此资本市场对电信企业的约束力比较低。在资本市场完善的情况下，外在的资本市场会对经理人员形成一定的约束力。在股权分散的情况下，虽然每一个投资者占有的股份很小，不足以对经理的行为实施有效的监督，但是一旦公司经营不善，投资者就可能在股票市场上出售股票，进而导致公司股票价格的下跌。在股票价格下跌的情况下，一些大股东就有可能发起处罚甚至解雇经理人员的行动。而且在股价下跌的情况下，外在兼并收购的风险也会加大，这也在另一方面加大了经理人员的利益风险。然而，我国目前的资本市场基本上只是给企业提供了一条融资渠道，因为流通股在总股本中所占的比例较小，而国家股和法人股又高度集中，因此外在兼并收购目前能起到的约束作用很小。同时，从内部治理机制来看，我国电信企业也具有一定的缺陷。例如，我国电信公司内部的激励机制很不完善。从报酬体系来看，我国电信公司已经初步建立起了按照固定薪酬和奖金获得报酬的动态调整机制，但对于电信公司而言，内部报酬机制从总体上看仍具有很强的内部行政控制式特征。薪酬水平的高低在很大程度上并不取决于企业经营绩效的好坏，而是取决于各级电信公司与上级公司的谈判结果以及本公司主要经营者的态度。

二、产权因素

（一）基础设施领域国有资本投资的缺陷

因为基础设施本身的准公共品性质与基础设施投资的投资量大和投资周期长等特点，很多国家的基础设施投资都是以国有资本投资为主，我国直到目前为止也是如此。国有资本投资因预算软约束和受政府宏观政策影响较大等原因而通常表现出较低的企业投资效率，大量低效率的国有基础设施投资在金融市场资金供给比较紧张的背景下将对其他投资产生较大的挤出效应，从而显著降低资源配置效率和阻碍经济增长。

（二）基础设施领域民营投资机构的优势：以养老服务业为例

多年以来，我国养老服务市场一般都由公办养老机构来提供服务，至今公办养老机构仍是我国养老服务市场的主要供给者。但面对养老服务市场上越来越突出的供求矛盾，公办养老机构显然不能很好地满足养老市场的需求。传统的公办养老机构主要是由国家和集体主办，随着养老服务市场需求的逐渐增大，供给方面的低效率表现得越来越突出。这种低效率主要源于两个方面：一是由于所有者缺位等问题，公办养老机构本身的治理机构是比较低效的，同时这种供给方式也容易出现资金不足等问题；二是在国有资本垄断条件下，公办养老机构所主导的市场缺乏竞争，从而导致效率低下和服务水平较低等问题。

其实，一些国际经验也表明，随着养老服务需求的增大，很多国家的公办养老机构不能很好地满足市场需求，从而开始寻求社会力量的支持，在养老服务市场上大量引入民间资本。例如，日本养老服务市场便经历过这种变化。日本是世界老龄化程度最高的国家之一。为了满足快速增长的养老护理服务需求，日本养老护理制度曾经经历过几次大的改革调整：补缺型、适度普惠型、普惠型社会福利制度。实际上，在日本养老护理供给体系发展中"民间化"（民营化）一直是一个发展的主线。日本1946年制定了强调"公共责任原则"的《社会救济法》，把为生活困难者提供保障明确为政府的责任。其养老护理服务的供给体系是建立在政府主导的基础之上的，民营化进程比较缓慢。进入20世纪80年代，面对不断增长的养老护理需求，日本政府主导型模式的供给能力已表现出不足。为了进一步扩大养老服务供给受益面，日本政府开始认识到"激发民间活力"的重要性，从而在社区养老护理及民营机构经营护理方面进行了一些改革。如1985年日本社会保障制度审议会提出了《民营机构的活用与规范》，强调了发展民营福利机构的重要性，认为民营福利服务机构效率高，从而建议加快发展民营福利服务机构。

为了进一步缩小养老服务市场上的供需缺口，我国有关政府部门也适时提出了"社会福利社会化"的改革方向，逐步减少政府直接提供的养老服务供给，支持包括企业和非营利性组织等社会力量兴办养老机构来满足不断增大的养老服务需求。实际上，20世纪90年代社会资本已大规模进入我国养老服务业。1995年以前我国民办养老机构的数量很少，但1995年以后每年新进的民办养老机构数量开始呈现出明显的增长趋势。养老机构主要包括养老院、敬老院、福利院、老年公寓、托老所和老年康复医院等。从机构功能分类来看养老机构可分为护理型、助养型、居养型。从投资及经营性质来看养老机构可分为公（国）办、公建民营、民办公助和民办，后三种一般被列入民营养老机构之列。从服务活动属性来看养老机构又可分为福利性、非营利性、营利性。国办养老机构为福利性机构，在民政部门登记的民营养老机构为非营利性机构,在工商部门登记的民营养老机构为营利性机构。

20世纪90年代后民营养老机构已大量进入我国养老服务业,虽然到目前为止尚未成为我国养老服务市场的主要供给者,但这类机构在很多省份已达到了一定数量,也积累了一些经验。从我国民营养老机构近些年的一些发展经验来看,相对于公办养老机构确实具有一些优势。足够数量、高质量的民营养老机构的进入能有效地提高市场竞争程度,改善资源配置效率,不仅能使民营养老机构表现出较高的效率,而且还能提升公办养老机构的效率。除了公司治理结构和产权因素外,企业的技术水平和其他影响企业融资能力的因素等也都会对企业投资质量产生一定的影响。

(三) 基础设施领域民营投资存在的问题:以养老服务行业为例

1. 大量民营养老机构盈利能力不强甚至亏损

很多实证性的数据都显示,我国各省份的民营养老机构大多数盈利能力都不够强,一些民营养老机构甚至出现了亏损的现象。一般来说,研究者都认为我国大多数民营养老机构的盈利能力是不强的,利润率偏低。

2. 大多数民营养老机构资金不足问题突出

一些研究显示,"公建民营"等民营养老服务机构普遍存在资金紧张问题。很多民营养老机构的投资者本身资金积累很少,有些创办者甚至是下岗职工,迫于生计才利用政府有关部门的优惠条件来开办民营养老机构,所以经营过程中也经常会遇到资金不足问题。同时也因为上述民营养老机构利润偏低,很多资金雄厚的民营资本家一般不愿投资于养老服务行业。

3. 很多民营养老机构服务质量偏低，与公办养老机构相比竞争力不足

因为资金不足、人力资源短缺、逐利观念较强以及主要面对低端消费者等原因，很多民营养老机构的服务质量与公办养老机构相比有一定差距。另外，很多民营养老机构的竞争力不足还表现在床位空置等方面。

4. 大多数民营养老机构人力资源短缺

（1）大部分民营养老机构护理人员不足且流动性较大

作为劳动密集型行业，养老服务行业的人力资源质量对其发展十分重要。而目前我国很多民营养老机构的人力资源明显不足，而且护理人员的流动性也比较大。

（2）民营养老机构高质量管理人员短缺

其实，不仅是普通护理人员不足，很多民营养老机构的高质量管理人员也比较短缺。民办养老机构的创办人一般以普通民众居多，创办者、管理者、服务者"三合一"的现象也较多。

（四）我国民营养老机构发展存在上述问题的原因分析

1. 我国民营养老机构产权界定方面存在问题

我国现行政策把民营养老机构分为营利性和非营利性两类。前者到工商部门登记为企业组织，而后者到民政部门登记为民办非企业组织。"营利性"与"非营利性"有明显区别。《民办非企业单位登记管理暂行条例》第四条规定"民办非企业单位不得从事营利性经营活动"，《民办非企业单位登记暂行办法》第六条规定"盈利不得分配，解体时财产不得私分"。

但在目前中国的具体国情下，这种养老机构产权制度设计带来了明显的问题，它使得民营养老机构的投资者面临一种两难选择：

如果登记为企业组织，就难以享受政府有关部门的资金、税收和土地等政策支持，而养老机构由于资金投入量大、回报周期长、风险较高等原因又一般需要政府部门多方面的大力政策支持；如果登记为民办非企业组织，虽然能从政府那里得到一些资金补助和优惠政策等扶持，但制度规定创办者投入的资产属于社会性资产，盈利部分不能分红，解散时所清算的剩余财产也只能用于同类公益事业，而不能由出资人收回，这又与很多民营资本追求自身利益最大化的最初投资意愿不相符而不愿被大多数的民营投资者所接受。

一些调查显示，我国大部分的民营养老机构都像一般性行业中的民营资本一样，是以盈利最大化为目标的。而民营养老机构一般又都需要得到政府部门的支持，所以大多数这类养老机构又都登记为非营利性组织以获取政府部门在税收和土地等多方面的支持。"民办非企业"的身份通常又会导致民营养老机构出现融资困难，当"民办非企业"到银行去申请贷款时，银行会依据"民办非企业"的社会公益组织性质而拒绝给予贷款。

2. 公办养老机构与民营养老机构间的不公平竞争问题

像很多国有资本主导的行业一样，我国养老服务行业目前也在很大程度上存在着公办机构和民营机构间的"二元"体制问题，这直接导致了公办养老机构和民营养老机构之间的不公平竞争问题，这一问题使本就处于弱势地位的民营养老机构的经营更为困难。因为提供的是准公共物品，所以无论是公办养老机构还是民营养老机构都会在一定程度上得到政府有关部门的支持，但这种支持有时是不平等的，本就处于优势地位的公办养老机构因为所有制的原因有时会受到更大力度的支持。

3. 民营养老机构筹资能力不足

除了目前很多地区民营资本积累不足以及上述的机构产权问题投入激励不足等原因，民营养老机构资金不足的一个主要原因是政府的财政补贴不足以及补贴不到位。有关研究指出，财政补贴是国家补助养老机构的有效途径，也是目前各地方政府采取的常见措施。然而，从各地对民营养老机构采取的财政补贴政策的现状来看，主要存在两方面的问题：一是相对于民营养老机构发展来说财政补贴金额偏少，二是相关财政补贴的要求较高且程序复杂。民营养老机构收入来源不足，在一定程度上导致了再生产资金投入不足。目前我国民营养老机构的收入来源比较单一，主要依靠收取入住费用维持运营，因此资金周转比较困难。另外，民营养老机构的融资一般也比较困难。

4. 民营养老机构服务质量偏低

作为劳动密集型行业，护理人员的服务质量是养老机构竞争力的主要源泉之一。但很多民营养老机构护理人员工作强度较大而收入又偏低，导致护理人员短缺且流动性较大，这使得护理员配置标准偏低。另外，上述的资金不足问题也导致民营养老机构硬件条件较差和设施简陋等。同时，很多民营养老机构规模偏小，治理结构落后。这都是其服务质量偏低、竞争力不足的重要原因。

三、政府规制

(一) 基础设施产业绩效与政府规制

正因为基础设施产业在市场结构和产品（或服务）价格与质量等主要方面一般都受到政府的直接控制，所以基础设施产业绩效与政府的微观市场干预（即狭义的政府规制）行为密切相关。从国际比较来看，目前我国基础设施产业的绩效还是有待改善的。综观各主要绩效指标，除了利润率和投资量以外，我国基础设施产业在产品或服务价格、企业生产率、服务普及率等方面都有待改进。

一个或一类产业发展滞后的原因可能是技术方面的，也可能是制度方面的。但因为政府的扶持等原因，我国基础设施产业与国外同行在技术方面的差距有时并不明显。例如，从国际比较来看，我国电信业在技术方面并不算明显落后。因此制约着中国基础设施产业绩效更快改善的主要是制度因素。而且，在一产业的发展过程中，制度因素与技术因素是互相影响的，新制度主义者甚至认为在二者的相互关系中制度因素决定着技术因素。我们认为，技术因素与制度因素是互相影响的，很难判断出二者之中哪一个起决定作用，但在我国基础设施产业目前的发展阶段主要是制度因素在制约着技术的发展。影响产业发展的制度因素又可分为产业内部的企业制度和产业外部的环境制度。而影响一国基础设施产业发展的外部环境制度主要是政府规制制度。而且，政府规制制度也通过直接影响市场结构（从而影响企业竞争环境）进而间接影响企业制度的变革。

(二) 目前我国基础设施产业的政府规制现状

目前我国基础设施产业的政府规制行为存在着明显的错位、越位和缺位现象。同时，政府规制的方式和手段也比较落后，科学性显著不足。因此，在基础设施领域，一方面不当规制广泛存在，另一方面合理、有效的规制又明显不足。例如，目前我国基础设施领域多数产业的市场结构都不够合理，主要原因就是政府规制部门的市场准入规制不够合理。再如，目前我国一些基础设施产业的服务价格仍然偏高，这也是政府规制部门规制不力的直接结果。

我国基础设施产业的规制低效有多方面的原因。其中最主要的原因是，主要规制机构的独立性、权威性还显不足。导致这一现象的主要原因则是，目前在我国各基础设施产业中政企不分的现象仍比较严重，很多规制机构仍缺乏明确的法律地位。以发展状况相对较好和规制改革进行较早的电信业为例。中国电信业几家全国性基础电信运营商都归国资委管理，由它统一行使国有出资人的职能以及国有资产的监督管理职能。信息产业部已演化为一个中立于所有电信企业的专业规制机构，主要承担监管电信市场的职责。但目前虽然国资委早已成立，可电信监管机构信息产业部在事实上却仍然部分担负着对国有资产负责的职能。这主要表现在对恶性价格战的制止，对电信业国有企业数量的控制，乃至对国有电信公司经营业绩的关心等。另外，导致我国基础设施产业规制低效的原因还有相关的立法滞后、规制体制改革与其他有关改革措施协调不足以及对我国基础设施产业各主要规制机构的社会监督不足等。

那么，目前我国基础设施产业的这种规制低效的现状在未来一段时间会有显著的变化吗？或者说我国基础设施产业的规制制度下一步的演变趋势大致将会如何呢？迄今为止，国内外学者对此问题进行了大量的研究。但其中的大部分研究还主要是规范性分析，即在借鉴国外相关经验的基础上指出我国基础设施产业的政府规制制度下一步应如何改革。我们认为，已有的这些规范性建议多半没有充分考虑现实约束，特别是对可能受到的政治约束的考虑不够充分，因而大部分这种规范性建议不具有充分的现实可行性。而且我们认为，在基础设施产业的规制制度变迁过程中，政府一般会居于主导性地位（在发展中国家就更是如此）。所以要准确预测基础设施产业规制制度的演变趋势就首先要充分考虑在这一过程中政府效用的变化方向。但目前国内外的相关研究还很少有系统、全面分析主导基础设施产业规制制度变迁的各种政府效用因素的。所以本书在以后的有关章节中将在实证分析几个西方典型国家主导基础设施产业规制制度（本书主要分析市场准入规制制度）演变的政府效用因素的基础上，根据现实的中国国情，分析我国基础设施产业市场准入规制制度的演变趋势。

四、宏观和中观因素

除了上述微观因素以外，宏观因素和中观因素也会影响到企业的投资效率（质量）。宏观方面，整体经济形势不佳的情况下，多数企业的投资质量会受到影响。政府的货币政策和金融市场的发育程度也会影响到企业的融资能力和融资机会。宏观因素对基础设施微观投资质量的影响与其对基础设施中观投资质量的影响比较类似。另外，中观产业层次的特征，如市场竞争程度等也直接决定着企业的投资质量。中观因素对企业的影响在前文也已有过论述，这里不再赘述。

第四章 外循环下的高质量基础设施投资

第一节 外循环下的基础设施投资概况

一、我国的对外直接投资发展状况

依据相关国际经验，我国经济发展到目前阶段已具备了对外进行大规模投资的条件。近年来尽管受到新冠疫情和西方一些国家贸易保护主义的不利影响，但我国的对外投资还是保持了相对较好的发展状态（如表4-1所示）。

表4-1 2022年我国对外非金融类直接投资额及其增长速度

行　业	金　额（亿美元）	比上年增长（%）
总　计	1168.5	2.8
其中：农、林、牧、渔业	8.3	−26.5
采矿业	50.1	0.6
制造业	216.0	17.4
电力、热力、燃气及水生产和供应业	35.2	−28.0
建筑业	64.0	14.9
批发和零售业	211.0	19.5

续表

行　业	金　额（亿美元）	比上年增长（%）
交通运输、仓储和邮政业	45.6	-10.6
信息传输、软件和信息技术服务业	54.9	-27.1
房地产业	24.2	-2.8
租赁和商务服务业	387.6	5.8

数据来源：《中华人民共和国2022年国民经济和社会发展统计公报》

在我国的对外投资内容中，从行业角度来看，基础设施类已成为重要组成部分（如表4-2所示）；从地区角度来看，"一带一路"沿线国家已成为重点投资地区。所以接下来我们就主要以"一带一路"沿线区域为例来分析我国的对外基础设施投资问题。

表4-2　我国对外直接投资状况（按行业分）

单位：万美元

行　业	对外直接投资流量		截至2020年对外直接投资存量
	2019	2020	
总　计	13690756	15371026	258065844
农、林、牧、渔业	243920	107864	1943495
采矿业	512823	613126	17587884
制造业	2024181	2583821	27786853
电力、热力、燃气及水生产和供应业	386872	577031	4237947
建筑业	377984	809455	5079699
批发和零售业	1947108	2299764	34531558
交通运输、仓储和邮政业	387962	623320	8077558
住宿和餐饮业	60398	11841	492646

续表

行 业	对外直接投资流量		截至2020年对外直接投资存量
	2019	2020	
信息传输、软件和信息技术服务业	547794	918718	29791382
金融业	1994929	1966318	27006173
房地产业	341839	518603	8140791
租赁和商务服务业	4187508	3872562	83164214
科学研究和技术服务业	343163	373465	6057966
水利、环境和公共设施管理业	26988	15671	357106
居民服务、修理和其他服务业	167338	216078	1354133
教育	64880	13004	790280
卫生和社会工作	22717	63767	396516
文化、体育和娱乐业	52352	-213383	1269642

数据来源：《中国统计年鉴2021》

二、我国对外基础设施投资状况

近年来，尽管受到了一些不利因素的影响，但我国的对外直接投资还是保持了相对较好的发展势头，特别是对"一带一路"沿线国家的投资。2021年我国对外非金融类直接投资额7332亿元，比上年下降3.5%。其中，对"一带一路"沿线国家非金融类直接投资额203亿美元，增长14.1%[①]。其中，基础设施类投资更是明显表现出了更高的增长速度。

"一带一路"倡议提出数年后，目前已经进入实质性实施阶段。

---

① 国家统计局：《中华人民共和国2021年国民经济和社会发展统计公报》。

在"一带一路"倡议中,基础设施互联互通被普遍认为是需要优先推进的部分。"一带一路"沿线国家多为发展中国家,基础设施水平普遍较低。沿线很多国家目前正处于大力推进工业化和城市化的发展阶段,对基础设施的需求量比较大。而这些国家受经济发展水平等因素的限制,一般没有充足的财力和技术等满足其基础设施建设的需求,这就为我国对外基础设施投资提供了难得的机遇。

三、我国在"一带一路"的基础设施投资

(一)国内外相关研究

很多研究都发现,资金不足是制约"一带一路"沿线多数国家基础设施建设的重要因素(沈梦溪,2016;姜巍,2017;李建军、李俊成,2018),而我国的投资能显著提高沿线国家的基础设施水平(黄亮雄、钱馨蓓,2018)。在基础设施投资效果方面,多数研究认为已有投资有明显的收益,"一带一路"基础设施质量的提升有利于我国的出口贸易(许娇、陈坤铭,2016;章秀琴、余长婧,2019)和对外投资(崔岩、于津平,2017),促进了沿线国家的经济增长(王继源、陈璋,2016;隋广军、黄亮雄,2017)。但也有少数研究认为建设效果欠佳(黄梅波、张博文,2016)。研究发现投资效果受多种因素影响。有研究认为被投资国经济和基础设施条件越差,我国投资的作用一般就越大(张艳艳、于津平,2018),也有研究认为这种促进作用存在着门槛值(姜慧、孙玉琴,2018;史晓丹,2018),还有研究认为东道国的制度建设和政策调整有利于我国基础设施建设质量的提高(姜慧,2017;董有德、张露,2018)。在风险与质量方面,一般认为多种投资风险可能会影响到海外交通基础设施建设质量,这些风险包括法律风险(李仲平,2017;温蕾,

2018)、政治风险（余莹，2015；黄河、邹为，2017）、资产专用性风险（梁宇鹏，2019）以及其他风险（吕星赢、周建，2017；冯雷鸣、李丛珊，2018）。在PPP（政府与社会资本合作，Public-Private-Partnership的缩写）与质量方面，相关研究发现PPP投资额与基础设施质量显著正相关（蔡东方，2019），但PPP项目的成败受多种因素影响（刘浩、陈世金，2018；张鹏飞、黄烨菁，2019），风险也比较大（赵蜀蓉、杨科科，2018；廖石云等，2019）。在高质量基础设施建设方面，有研究认为建设"一带一路"高质量基础设施有重要意义（张东源、王珏，2019；金立群，2019），也有研究分析了我国海外基础设施投资建设的高质量发展策略（周家义、王哲，2019）。但对"一带一路"高质量基础设施建设问题的研究主要从2019年才开始，成果较少。

多数国外研究认为我国在"一带一路"基础设施领域投资建设的经济效应明显，有效地降低了贸易成本（Françoisde，2019），促进了双边国际贸易（Ramasamy，2019），加强了国际市场联系（卡琳，2019），也拉动了参与国的经济增长（Yii，2018；阿道夫·切杜，2018；Soyres，2020）。相比于国内研究，国外研究更多地讨论了我国"一带一路"交通等基础设施建设对周边国家以及整个亚洲地区地缘政治和经济格局的影响（Gabusi，2017；Cai and Kevin，2018；卡琳，2019）以及对环境的影响（Jarwar and Mazhar，2018；休斯，2019）。上述各类影响研究虽然可以包括在投资质量分析之中，但国外对我国"一带一路"基础设施投资质量的全面分析还有待补充。

（二）"一带一路"基础设施投资中的中日竞合

国际市场上的机遇通常与挑战并存，我国目前在"一带一路"沿线国家进行基础设施投资还面临着多种挑战，而这其中的主要一项就是来自日本的竞争和压力。一般认为，日本近年提出的所谓"构建高质量基础设施合作伙伴关系"的战略，对内的主要动机是试图拉动其一直低迷的国内经济增长，对外的主要动机则是应对中国的"一带一路"倡议。当然，随着国际经济形势的变化，2017年以来中日在"一带一路"沿线基础设施领域的第三方市场合作也在不断进展。

1. 相关研究

绝大多数研究认为，2017年之前中日在"一带一路"基础设施领域主要是竞争关系，主要原因有二：一是这一领域有巨大的基础设施投资需求（施锦芳、李博文，2019），二是意图拉动比较乏力的国内经济以及扩大地缘政治影响等（马学礼、刘娟，2019）。自2017年起，受多种因素影响，中日在这一领域的第三方市场合作开始不断加深（刘红，2019），进入到一种竞争与合作并存的竞合状态（王星宇，2018）。竞合结果主要取决于相对优劣势。我国的主要优势（以低成本为主）包括较低的投入成本，较丰富的普通劳动力和一般性技术人员（蔡亮，2018），部分技术的领先性，较短的建设周期（丁梦，2017）和较强的融资能力（赵洪，2018；刘洪钟、丁文喻，2019）等。日本的主要优势（以高质量为主）包括部分技术的先进性，较强的环保理念（刘洪钟、丁文喻，2019），较丰富的高端人才（蔡亮，2018），较多的经验，高效的政府支持（孟晓旭，2018），较强的溢出或附加收益（金仁淑，2017）等。但目前国内对于中日比较优势的分析一般都是简单介绍，系统的、动态的分析尚有不足，这些比较优势与中日竞合间具体关系的研究也有待深入。

在"一带一路"倡议实施的初期，日本学术界主要是一种戒备和竞争的态度，因为日本倍感压力（铃木秀贵，2016），而且有日本学者认为中国可能借助区域基础设施网络拓展在亚洲的影响力（河合正弘，2018）。在中日竞争方面，日本也有一些劣势，例如，Funablashi 和 Ninomiya（2015）认为尽管日本有较系统和明晰的政策构想，但却缺乏"大思路"和"大格局"，大桥英夫等（2016）认为中国的政府支持和雄厚资本会导致日本企业处于不利的竞争地位。但很多学者都认为日本的竞争态势明显，例如新加坡学者蓝平尔等（2016）认为，日本积极介入缅甸的基础设施投资主要就是为了与中国竞争。吉松秀孝等（2018）更是明确指出，中日在基础设施投资方面的国际竞争比较激烈。

但随着国际形势的变化，日本学界对中日合作的呼声也越来越高，认为中日的合作将是双赢的结果（篠田邦彦，2015；江原规由，2018）。中日为何要选择合作，这是日本等国学者分析的重点。在这方面，首先，亚太经贸格局的变化和"一带一路"沿线交通等基础设施的发展促进了中日合作（和田洋典，2016；Rich and Perlez，2017；笪志刚等，2017）。其次，亚洲有很大的基础设施融资需求，所以中日不需竞争，而应合作（中尾武彦，2017；亚洲开发银行，2018）。再次，目前中日在这一领域的激烈竞争会增加双方的成本和潜在风险（史田一，2016；Pavlicevic and Kratz，2017）。最后，在基础设施建设方面中日各有比较优势且有很强的互补性（竹内幸史，2018），中日合作有利于提高交通等基础设施质量（河合正弘，2015）。但也有质疑之声，例如认为日本可能会在中日合作中逐步沦为中国的"追随者"等（河野太郎，2018）。总体来看，与国内类似，国外的相关研究也有待加深。

2. "一带一路"基础设施投资领域的中日竞合概况

无论是在地缘政治还是在区域经济秩序方面，多年以来日本实际上都在一定程度上视自己或日美联盟为亚洲的主导者,所以日本朝野普遍认为中国的"一带一路"倡议是对日本在亚洲的这种所谓主导地位的挑战和威胁。中国和日本作为亚洲最强的两个经济大国,且矛盾重重,在亚洲的竞争不可避免,在具有战略意义的对外基础设施投资领域更是如此。实际上,目前"一带一路"沿线地区已经成为中国和日本这两个世界大国国际竞争的重点区域,而基础设施行业则是近期两国竞争的重点领域。日本学者吉松秀孝在2018年4月发表的一篇名为《中日竞争的新动态:持续的亚洲基础设施建设》的文章中就指出,随着中国相关产业国际竞争力的逐步提升,中日两国在经济领域的竞争日趋白热化,特别是在基础设施投资方面[①]。基础设施领域之所以会成为近年来中日国际竞争的重点区域,一方面是源于现阶段"一带一路"沿线很多国家对基础设施投资的巨大需求,另一方面也是因为近年来中国和日本受整个世界经济形势等内外因素的影响国内经济增长都比较乏力,而国际基础设施投资则被认为可以在一定程度上促进国际贸易和投资的增长以拉动国内需求。例如2009年日本提出的《新成长战略》就意图通过在亚洲地区的基础设施投资来拉动其国内的经济增长[②]。而且,一般认为,国际基础设施投资的影响不仅仅局限于经济方面,还可对大国国际影响力和区域政治格局等产生直接和深远的影响。例如,有分析者就指出,亚洲地区的基础设施互联互通目前已经不仅仅是个经济问题了,

---

① [日]吉松秀孝:《中日竞争的新动态:持续的亚洲基础设施建设》,《国外社会科学》,2018年第5期,第157—159页。

② 刘洪钟、丁文喻:《中日在亚洲的基础设施投资:竞争与合作》,《辽宁大学学报(哲学社会科学版)》,2019年第1期,第172—183页。

还已成为近期区域内外大国战略博弈的缩影①。

不过，自 2017 年以来，随着我国"一带一路"倡议的不断成功推进和日本国内外经济形势的变化，日本政府和企业界都不断表现出了在"一带一路"基础设施投资方面与我国进行合作的意愿。在 2017 年 6 月 5 日第 23 届"亚洲的未来"国际交流会上，安倍晋三首次公开表态说将在条件成熟时展开"一带一路"框架下的中日合作。同年 11 月 14 日，李克强总理与安倍在马尼拉会晤时商讨了探索中日在"一带一路"框架下的互联互通合作建设问题。2018 年 5 月李克强总理访日期间两国签署了《关于中日企业第三方市场合作的备忘录》。在 10 月 26 日首届中日"第三方市场合作论坛"上，中日两国围绕"一带一路"沿线国家签署了几十项合作协议②。这些都推动了"一带一路"沿线基础设施投资领域的中日合作。

总体来看，目前"一带一路"沿线基础设施中日之间竞争与合作并存的这种状态仍旧不够理想，需要双方共同努力去明显改进。从竞合的角度看，中日在对"一带一路"沿线进行基础设施投资方面各有优势和劣势。但目前已有的研究对这些优势和劣势的系统分析尚显不足。而且多数基于优劣势的研究主要强调发展中日间的合作关系，而对更为全面和复杂的竞合关系的分析尚显不足。所以本书试图在系统分析"一带一路"沿线基础设施投资领域中日的相对优势与劣势的基础之上，主要基于我国的视角，对有效改进中日在这一领域竞合关系的路径做进一步的分析。

---

① 马学礼、刘娟：《日本基础设施海外输出战略及其与"一带一路"对接研究》，《日本问题研究》，2019 年第 2 期，第 72—80 页。

② 刘红：《"一带一路"框架下中日合作路径探析》，《东北亚论坛》，2019 年第 3 期，第 90—101 页。

第二节　对外基础设施高质量投资：
以"一带一路"为例

尽管与其他很多国家相比，近年来我国对外基础设施投资的发展势头较好，但毕竟对外较大规模基础设施投资的时间较短，经验不足，所以我国促进对外基础设施投资的高质量发展首先需要借鉴一些有价值的国际经验。

一、我国在"一带一路"基础设施投资的质量

从中日目前在"一带一路"沿线基础设施投资竞争和合作的实践来看，两国各有优势和劣势。这些优势和劣势直接决定着两国间竞争的结果，也在一定程度上决定着两国间合作的潜力和具体形式。

（一）我国相对于日本的主要竞争优势

相对于日本而言，目前我国在"一带一路"沿线基础设施投资方面的主要优势表现在以下几方面：

1. 相对较丰富的投入要素和较低的投入成本

目前我国在基础设施建设所需的钢铁、有色金属、平板玻璃、水电、水泥等方面的产能相对过剩，一些相关设备的制造能力也较强。同时，我国拥有相对比较丰富的普通劳动力和一般性技术人员。因而与日本相比，我国在原材料、零部件和人工成本等基础设施投入成本方面具有比较优势。

2. 相对较短的建设周期和部分技术的领先性

因为技术、投资企业性质和国内投资经验等多方面的原因，我

国一些海外投资的基建项目的建设周期相对于日本而言比较短。以高铁为例，我国高铁的建设工期明显短于日本和欧美发达国家，工程进展速度甚至可达其一倍以上。在雅万高铁项目上，中国的建设方案只需3年时间，而日本迫于中国压力后也只能缩短到5—8年①。同时，我国企业在部分基础设施项目的技术方面也具有一定的优势。例如我国企业在铁路和高速公路等交通基础设施建设方面已具备较高的技术、设备制造能力及经验。我国在高速铁路、高原铁路和重载铁路等部分领域的技术都比较先进，高铁的部分建造技术被认为要优于日本的新干线。

3. 较强的融资能力及其他方面的优势

从国民净储蓄指标和总资产储备指标等能够体现一国资金供给能力的指标来看，我国已远远超过日本。从对外基础设施投资的融资能力来看，我国也要强于日本。我国有中国进出口银行、中国发展银行、中国投资公司、丝绸之路基金以及由我国所主导的亚洲基础设施投资银行（AIIB）等多家金融机构可为企业的海外投资提供资金支持。日本企业海外基础设施投资的资金则主要来自政府部门的政府开发援助（ODA）、国际协力银行以及日本所主导的亚洲开发银行（ADB）。总体比较来看，我国可用于支持企业海外基础设施投资的资金总量要明显多于日本②。

另外，我国相对于日本而言在"一带一路"沿线基础设施投资方面还具有其他一些优势。首先，作为幅员辽阔的国家，我国与

---

① 丁梦：《从高铁外交审视中日两国在东南亚的竞争》，《学术探索》，2017年第10期，第46—51页。

② 刘洪钟、丁文喻：《中日在亚洲的基础设施投资：竞争与合作》，《辽宁大学学报（哲学社会科学版）》，2019年第1期，第172—183页。

"一带一路"沿线很多国家国土相连,相对于岛国日本而言具有明显的地缘优势。另外,总体来看,近年来我国与"一带一路"沿线很多国家的贸易额和投资额具有较快的增长速度,这更有利于我国对这些国家的基础设施投资的增长。再如,因为我国的对外基础设施投资主体主要是大型国有企业,所以具有较强的政策灵活性。

(二) 日本相对于我国的主要竞争优势

作为有数十年对外基础设施投资经验的发达国家,日本在"一带一路"基础设施投资方面相对于我国而言也具有一些比较明显的优势。

1. 总体优势——日本官方近年宣称的所谓"高质量"

日本的优势总体来看主要体现在日本政府近年来一直强调的基础设施投资的所谓"高质量"上。从日本官方的具体表述来看,其"高质量"的含义主要包括五个方面:经济性、安全性、强韧性、环保性及扩散性。经济性主要指建造的基础设施的使用期限长;安全性主要指建造的基础设施的安全性能高;强韧性是指建造的基础设施具有较强的抗灾能力;环保性是指基础设施建设可以最大限度地减少对当地自然环境的破坏;扩散性则指基础设施投资除了提供基础设施产品外还可通过转移相关技术和帮助培养当地技术人员等方式进一步促进当地经济发展[①]。日本对外基础设施投资所谓的"高质量"其实主要强调的是其高收益特征,用以对应和对抗中国对外基础设施投资的低成本特征。经济性、安全性和强韧性直接强调其基础设施的高收益性,扩散性则强调其附带收益或溢出收益,只有环

---

① 马学礼、刘娟:《日本基础设施海外输出战略及其与"一带一路"对接研究》,《日本问题研究》,2019年第2期,第72—80页。

保性主要强调经济成本外的低社会环境成本，但也可理解为环保方面的较高收益。多种因素导致了日本对外基础设施投资的相对"高质量"或高收益。

2. 部分技术和人才的先进性以及相对高效的管理

其实，日本政府反复强调的基础设施的所谓"高质量"首先就来自部分技术的先进性。例如，与我国相比，因为在很多方面的建造技术比较先进，日本的一些铁路基础设施往往节能性较好，安全性较高，运营时刻更加准确，使用寿命更长，建成后在某些方面的运营成本也比较低。而且，日本的很多先进技术都是与环保等先进理念密切关联的。例如，日本将"再生制动系统"引入了印度的一个地铁项目中，可以有效地减少二氧化碳的排放；在菲律宾新博霍尔机场的建设中也利用先进技术防止了机场废水对环境的损害[①]。同时，经过多年的实践，日本已积累了大量对外投资方面的高层次人才。另外，日本海外投资企业的治理水平也比较高，管理效率一般要优于我国企业，这有助于提高工程质量和节省成本。

3. 政府部门的高效支持以及合理的官民协作机制

随着国内外经济政治形势的变化，2009年以后日本便逐步将基础设施对外投资上升成了国家战略，政府给予高度重视和支持。日本中央政府各省厅都设立了专门的科室或加强原有科室的职能来为民间企业的基础设施海外投资活动提供信息和协调服务，帮助寻找适宜的商机和开展投资活动。基础设施投资一般需要巨额的资金投入，所以资金约束往往是企业海外投资的一个主要困难。日本政府

---

① 刘洪钟、丁文喻：《中日在亚洲的基础设施投资：竞争与合作》，《辽宁大学学报（哲学社会科学版）》，2019年第1期，第172—183页。

为了对企业海外基础设施投资进行支持，往往通过政策性金融为企业提供超低息的贷款，贷款利息有时比资金相对充裕的我国还要低。而且在基础设施对外投资过程中，日本政府也强化了官民协作机制，强调中央政府进行综合性、全方位和立体化指导的同时，在政策制定和执行的过程中也会充分考虑企业界的意见[①]。

4. 先进的投资理念和丰富的对外基础设施投资经验

首先，在争取对外基础设施投资机会时，日本官方经常宣称可以在投资过程中向东道国分享有关技术、经验以及帮助东道国培养技术人才。这也就是日本所宣称的"高质量"中扩散性的主要内容。在与中国的有关竞争中日本也曾用过这种手段。其实日本的这种策略可以起到一箭双雕的作用：一方面可以助力它获取东道国的基础设施投资项目；另一方面又可借机推广所谓的日本标准（包括技术、经验和制度等），从而占据国际基础设施产业竞争的制高点[②]。还有，日本企业界在争取对外基础设施投资机会时有时会采取"组团推销"的方式。例如，在对亚洲首条跨境高铁线路新马高铁的竞标过程中，日本一方面加强"高层推销"的力度，由政府高官和企业界人士在不同场合向新加坡、马来西亚两国推销新干线高铁，另一方面则由东日本旅客铁道公司联合住友商事、三菱商事、日立制作所和三菱重工等几家日企组成企业联盟组团式争取这一项目[②]。这是一种比较高效的推销方式，而我国企业在这方面与日本相比还有明显差距。再如，日本的私营企业在对外基础设施投资中居重要甚至

[①] 马学礼、刘娟：《日本基础设施海外输出战略及其与"一带一路"对接研究》，《日本问题研究》，2019 年第 2 期，第 72—80 页。

[②] 丁梦：《从高铁外交审视中日两国在东南亚的竞争》，《学术探索》，2017 年第 10 期，第 46—51 页。

是主要的地位，而政府部门则通过多种方式支持这些私营企业。相比于国企而言，私营企业在很多方面的投资效率往往更高，也具有更强的风险防范意识和风险管控能力。另外，日本对外基础设施投资活动早在20世纪六七十年代就已经开始了，到目前已经积累了比较丰富的经验。以高铁为例，日本新干线自1964年投入使用以来至今已有很长的优良运营历史，积累了丰富的经验。我国的对外基础设施投资起步较晚，相比日本而言明显经验不足。

5. 在部分地区相对有利的非经济性条件以及其他方面的优势

首先，在亚洲的一些地区，例如东南亚地区的一些国家，目前日本相对于我国而言具有一定的政治等非经济性的优势。一些东南亚国家虽然在经济上与中国关系密切，但在政治或地域安全方面却可能倾向于日本。而海外基础设施投资本就不同于一般性的投资，不单单具有经济性，还与区域政治或安全等问题密切相关，所以日本的这种非经济性优势往往有助于它争取到一些对外基础设施投资的机会。同时，日本这些年来也通过国际援助等手段比较成功地改善了一些地区例如东南亚民众对日本人和日本投资的态度，这也有利于日本对这些地区的投资增长。另外，日本的政府和企业界普遍具有较强的对外投资风险防范意识和风险防控能力。还有，由于过去多年的经营，日本在"一带一路"沿线，特别是东南亚地区既有的产业集聚程度较高，因此其基础设施建成后的长期收益也相对较高，这也提高了其对外基础设施投资的积极性。

二、"一带一路"基础设施高质量投资路径

国际上多个机构都预测，在未来一段时期，"一带一路"沿线区域将有巨额的基础设施投资需求。例如日本有关方面就预测，2016

至2030年间"一带一路"沿线国家的基础设施投资需求将在26万亿美元左右①。而据有关估计，目前包括中日在内的对这一地区的基础设施投资仅能满足一半左右的需求，资金缺口尚很大。这就为我国和日本的对外基础设施投资提供了机会。但如前所述，目前中日在这一领域的竞合关系尚不够理想，还未达到对双方而言最佳的博弈结果。我们认为，基于我国的视角来看，可以通过以下路径来改进中日竞合关系和提高我国对外基础设施投资的质量。

（一）充分借鉴日本经验

相较于其他国家，中国和日本在发展特征方面的相似性更多，所以日本经验对我国的可借鉴性也往往更大，在对外基础设施投资方面也是如此。而且，日本是我国"一带一路"基础设施投资领域最主要的竞争和合作者，所以研究日本经验尤为重要。例如，在"一带一路"的交通基础设施投资领域，我国最主要的竞争对手和潜在的合作伙伴就是日本，在目前的中日竞合过程中已经体现出了两国交通基础设施建设质量的明显差别（日本近年来在"一带一路"基础设施投资领域的主要特征就是其一再宣称的"高质量"战略），这种差别对中日竞争和合作都有重要影响。日本也是对我国海外基础设施投资最具借鉴价值的国家，充分借鉴日本的历史和现实经验对我国的海外基础设施高质量投资有重要意义。

目前国内现有文献主要侧重对日本20世纪80年代基础设施等领域海外投资经验的研究，因为这一时期的日本面临的国际经济形势与近年的中国最为相似（张晓兰、赵硕刚，2015；邬琼，2017），

---

① 施锦芳、李博文：《中日在"一带一路"沿线国家贸易与投资现状评析——兼论推进中日经贸合作新思路》，《日本问题研究》，2019年第2期，第56—63页。

日本采取以 ODA 为先导来带动企业对外投资的方式，效果较好（黄伟，2013），而 ODA 以对外基础设施投资等为主且投资质量较高（张晓兰、赵硕刚，2015）。但现有文献对日本 20 世纪 70 年代、90 年代（与我国现阶段也有一定可比性）海外基础设施投资经验的介绍有所不足，对日本经验在我国的可借鉴性的分析也有待拓展。

（二）发挥低成本优势，提高竞争和合作能力

"一带一路"沿线多为发展中国家，这些国家的经济发展水平普遍较低，所以一般对基础设施的高质量方面的要求并不高，但低成本却对其有很大的吸引力。在这一点上，我国相对于日本具有优势。当然，低成本也仅仅是影响这些国家选择的一个因素而已，尽管是一个重要的因素。这里以中日两国都非常重视的东南亚为例。东南亚可以算是"一带一路"沿线中日基础设施投资竞争的核心区域之一。东南亚多年以来都是日本主要的对外投资区域，同时也是我国"一带一路"中"一路"的核心和枢纽区域。从近年中日在东南亚的一些代表性基础设施投资竞争案例来看，综合各种影响因素，中日之间的竞争似乎处于一种类似势均力敌的状态。这就需要我国在短期内更进一步发挥低成本的优势，特别是在一些经济发展水平相对更落后的国家，例如东南亚的新东盟四国。有研究就指出，新东盟四国的基础设施建设普遍比较落后，投资空间较大，而中国在高铁建设方面的综合成本和技术都比较适合该区域国家，所以具有比较优势[1]。很多其他研究也都显示，我国在"一带一路"沿线相对落后的国家进行基础设施投资的收益成本差额往往较大。除了东南

---

[1] 金仁淑：《中日对东盟投资比较及中国的策略——"一带一路"倡议下的新考量》，《现代日本经济》，2017 年第 6 期，第 34—44 页。

亚之外，中亚是我国"一带一路"倡议的另一个重要区域，是"一带"即"丝绸之路经济带"的核心区域。与东南亚不同，日本在中亚地区的基础设施投资尚处于起步阶段。所以我国应充分发挥低成本的优势，在中亚等日本尚未大规模进入的经济落后地区积极进行基础设施投资。

同时，充分发挥低成本优势也有利于提高我国与日本的合作程度。一些"一带一路"沿线地区，例如上述的东南亚地区，因为与中日都有着密切的贸易投资关系，所以不但是中日基础设施投资竞争的重要区域，同时也是中日基础设施投资第三方合作的重要区域。我国对外基础设施投资方面的"低成本"优势和日本的"高质量"优势正可以互补，双方的合作往往能满足东道国既强调质量又考虑成本的现实要求。例如，日本日立公司曾在利比亚中标一个发电厂项目，当时利方出于降低成本的目的希望这一项目在非核心部件上使用低成本的中国技术，而且要求比例在50%以上。最终，日立公司联合我国的东方电气集团一起合作承担了该项目[①]。

（三）提高对外基础设施投资的质量

随着国际经济发展观念的转变，"一带一路"沿线国家，特别是经济发展水平较高的国家对基础设施高质量的要求也越来越高。因此在短期之内我国可以主要依靠低成本和资金供给量等优势，但从长期来看，这些短期优势将逐渐减弱甚至消失，所以必须借鉴日本等国的经验有效提高对外基础设施投资的"质量"。这种投资"质量"的提高一般可以同时增强我国对日本的竞争和合作能力。

---

① 蔡亮：《"一带一路"框架下日本对华合作的特征》，《东北亚学刊》，2018年第4期，第50—54页。

1. 增加对外基础设施投资的附加性收益

我国可以借鉴日本对外基础设施投资所谓的"高质量"的五个特征之一的扩散性特征,加强与被投资国的技术合作,帮助被投资国培养相关技术人员。同时我们还可以通过认真的前期调研和规划,尽可能地把基础设施投资项目与当地的经济发展、产业机构调整和就业等问题紧密联系起来。这些都能提高基础设施建成后给被投资国带来的总收益,从而有利于我国获得投资机会。其实,我国已经在这些方面做出了一些尝试。例如,在中国与日本间的东南亚雅万高铁竞争中我方就曾承诺过项目施工将给印尼带来多达 4 万个的就业机会[1]。但在这些方面我国还需做进一步的努力。同时,这种被投资国附加性收益的增加也可使中日在"一带一路"第三国市场上的合作有更多的机会。我国企业还可以在这种合作中向经验更为丰富的日本企业学习。

2. 提高基础设施的国际化投资水平和培养高层次国际化人才

目前我国部分对外基础设施投资企业的经营模式尚不能很好地适应国际市场的需要。一些对外投资企业缺乏国际投资经验,没有长远、合理的国际投资发展战略,管理水平落后,仍然沿用在国内已经习惯的粗放式经营模式,环保意识不强,甚至存在提供假冒伪劣产品或侵犯知识产权等违法行为。例如由商务部牵头、我国企业投资 1.8 亿美元的墨西哥"坎昆龙城"项目就因乱砍乱伐当地的森林而被墨西哥环境保护署叫停[2]。因此,我国对外投资企业需要有效

---

[1] 丁梦:《从高铁外交审视中日两国在东南亚的竞争》,《学术探索》,2017 年第 10 期,第 46—51 页。

[2] 姜巍:《"一带一路"沿线基础设施投资建设与中国的策略选择》,《国际贸易》,2017 年第 12 期,第 44—52 页。

提高技术、管理、规划等多方面的能力，也需要提高环境保护和遵纪守法等观念。这样才能缩小在这些方面与日本企业的差距，从而提高与日本企业的竞争能力。

另外，目前我国适应国际市场竞争需要的企业家和熟悉外语、国外法律、国外经济发展模式等投资环境的人才尚有不足，高质量的涉外会计、信息搜集和风险评估等方面的专业人才也比较欠缺。在这些方面我国与日本相比一般都处于劣势，所以需要政府和企业以及一些第三方组织一起协同努力，尽快培养相关人才。

同时，我国企业国际化投资水平的提高和相关国际化人才的积累所导致的投资质量的提高也有利于增进中日企业间的合作，因为日本不愿与中国合作的一个原因似乎就是双方在投资质量方面的差距。例如有资料就显示，在目前的中日基础设施投资合作中，日本政府内部的不同部门间也存在着明显的分歧，其中国土交通省的态度最为消极，理由便是担心与中国合作会降低日本在港口和铁路等基础设施建设方面一直强调的高质量标准，损坏所谓的"日本质量"[1]。

3. 加强风险防范意识和风险管控能力

与日本不同，目前中国的对外基础设施投资还主要由大型国有企业承担，这使得我国的对外基础设施投资具有较强的政策灵活性等优势，但同时也在一定程度上导致了投资的高风险性。这方面的高风险主要源于国有企业自身治理结构方面的某些不足和政府政策对国有企业过强的导向性。对外基础设施投资的国有企业自身风险管控能力的不足虽然在短期内有利于获得基建项目，但同时也容易

---

[1] 蔡亮：《"一带一路"框架下日本对华合作的特征》，《东北亚学刊》，2018年第4期，第50—54页。

造成巨额损失，而且从长期来看更加不可取和不可持续。所以需要政府和企业协同努力，提高风险防范意识和风险管控能力。

同时，我国对外投资风险管控能力的增强还可在一定程度上提高与日本企业的合作能力。相对来说，作为经验丰富的发达国家，日方的风险管控能力往往更强一些，所以在合作时有时也会要求我方具有较高的风险管控能力。例如2017年6月，安倍在"亚洲的未来"晚餐会演讲中谈及中日在"一带一路"框架下进行基础设施合作的问题时就曾提到：通过贷款进行基础设施建设的国家必须要具备偿债能力，其财政的健全性不能因债务而受到损害[①]。在这里安倍似乎就在强调对外基础设施投资风险的防控问题。

（四）提高我国政府的支持效率和加强政府间的国际合作

日本企业对外投资（包括基础设施投资）过程中一直都受到来自政府相关部门的大力支持，这是其国际竞争力的重要基础和坚实后盾。我国企业的国际化程度普遍不高，经验不足，所以更加需要政府部门在规划、信息、融资和协调等多方面的大力支持。目前，相较于日本，我国各级政府部门对企业海外基础设施投资的支持力度尚显不足。为了进一步提高我国企业的国际竞争力，我国政府有关部门需要借鉴日本经验，做好一系列支持、保障工作。海外基础设施投资是一项风险相对较高的投资活动，所以我国政府部门首先需要集聚各方信息和力量帮助企业做好对外基础设施投资的规划工作。同时，我国政府还需要完善促进、保护和监管企业对外投资方面的法律法规，为企业提供广泛的信息咨询服务，给予资金支持以

---

① 王星宇：《日本对外经济援助政策新动向与中日"一带一路"合作》，《当代世界》，2018年第7期，第59—62页。

及帮助协调有关涉外事件等。另外,我国政府还需要完善企业海外投资的保险服务工作以降低企业投资风险。

同时,在对外基础设施投资过程中我国政府还要加强与有关国家政府间的合作。这里仍以中日为例。日本企业在海外基础设施投资的过程中与政府的关系密切,日本政府在促进企业海外基础设施投资方面做得比较成功,经验也比较丰富。所以加强中日政府间的沟通和合作对提高中日在"一带一路"沿线的基础设施竞合质量有重要意义。但目前及以后的很长时期内,中日政府间还需要采取更加具体有效的合作方式,进一步加深合作。一些分析认为,在中日"一带一路"基础设施领域的合作中,日本企业往往比日本政府表现出更大的积极性,因为企业一般只考虑微观经济利益,而政府则要考虑更宏观的经济利益以及区域政治和国际关系等问题。因此为了与企业的行动相协调,也需要中日政府间进一步加深合作。首先,中日政府需要加强沟通和理解,共同帮两国企业在"一带一路"基础设施领域的合作项目做好规划。其次,两国政府要加强信息沟通交流,互通有无。第三,两国政府要在必要的情况下帮助两国企业协调合作中出现的问题以及与被投资国间的纠纷等。第四,两国政府有关部门要就有关问题充分交流历史经验。日本的海外基础设施投资历史比我国要长,积累了更多的经验,而我国过去的这些年在国内进行了大量的基础设施投资,也积累了一些投资经验,双方可以进行充分的经验交流。最后,两国政府还需要共同为两国企业的合作做好资金支持以及其他方面的服务工作。

第五章　基础设施高质量投资的政府对策

第一节　以兼顾长、短期经济增长为目标

一、双循环下长、短期经济增长间的矛盾

在目前的双循环发展格局下,前几年开始实施的供给侧结构性改革仍在继续。双循环是供给和需求的良性互动,供给方面仍然主要是供给侧改革。目前我国在供给侧仍有很多需要继续深化改革的方面,所以供给侧改革仍是一个长久的任务。我国正在实施的供给侧结构性改革是为了通过供给质量的提高来使国民经济保持一个长期、稳定的经济增长趋势,但因为供给侧的调整一般需要一个较长的时期才能明显见效,所以这一改革在短期内很可能会在一定程度上影响我国国民经济的增长速度。例如,去过剩产能虽可以优化升级产业结构从而有利于长期经济增长,但却可能会影响短期的经济增长,特别是那些目前仍以某些过剩产能产业为支柱产业或重要产业的省份。那么,在供给侧结构性改革的背景下如何保持一个必要的短期经济增长速度呢?

二、基础设施投资可兼顾长、短期经济增长

要保持一个必要的短期经济增长速度,在供给侧结构性改革的"三去、一降、一补"中似乎只能主要寄希望于降成本和补短板了。而在这二者中,补短板应该是相对更直接、见效更快的措施了。在补短板方面,很多研究者提到了基础设施投资。例如,中央财经领导小组办公室副主任杨伟民在谈到供给侧结构性改革的"补短板",也就是扩大有效供给问题时,便主张要加强基础设施,完善提升公共服务[1]。胡鞍钢等认为,推进供给侧结构性改革需要做好"加减乘除"四则运算,其核心目标是"加法",即提高有效供给能力和增加有效投资,而这"加法"中就包括做好重大基础设施的高效投资。而且,他们所谓的"乘法"(即发挥创新的乘数效应等)方面也包括提高教育支出密度和基础设施密度[2]。邓磊等指出,供给侧结构性改革需要发挥市场能动性,政府首先应重点改善交通、能源、通信等有形公共设施,这有助于企业的生存发展,有助于产业升级和经济增长[3]。

其实,即使不在供给侧结构性改革的背景下,每当短期经济增长面临困难时,基础设施投资也都是比较容易被想起和使用的,例如,面对2008年的金融危机,我国政府为了保持一定的经济增长速

---

[1] 杨伟民:《适应引领经济发展新常态 着力加强供给侧结构性改革》,《宏观经济管理》,2016年第1期,第4—6页。

[2] 胡鞍钢、周绍杰、任皓:《供给侧结构性改革——适应和引领中国经济新常态》,《清华大学学报(哲学社会科学版)》,2016年第2期,第17—22页。

[3] 邓磊、杜爽:《我国供给侧结构性改革:新动力与新挑战》,《价格理论与实践》,2016年第1期,第18—20页。

度而启动了约4万亿人民币的巨额投资,其中一大部分都用在了交通等基础设施建设方面。后来,在一些年份,同样是为了应对经济下行的压力,我国又采取了加大对铁路、水利和城市轨道交通等基础设施投资的"微刺激"性的宏观经济政策。但对于上述那次为应对2008年金融危机而进行的大规模基础设施投资的合理性,却存在着一定的争议。一些研究认为它对于应对金融危机和缓解短期经济增长速度的下滑起到了积极的作用;但也有一些研究认为它造成了一定的资源浪费,导致了一些行业产能过剩的加剧,没有实现资源的最佳配置,而这似乎又和供给侧结构性改革是相悖的。近年来,尽管受到国内外多种不利因素的冲击,但与世界多数国家相比,我国的国民经济还是保持了一个相对较好的增长状态(见表5-1)。当然毫无疑问,如同世界绝大多数国家一样,我国经济的经济增长也面临着明显的压力。

表5-1 2005—2020年各国国内生产总值增长率

国家	2020国内生产总值(亿美元)	国内生产总值增长率(%)						
		2005	2010	2016	2017	2018	2019	2020
世 界	847056	3.9	4.3	2.6	3.3	3.0	2.3	-3.6
中 国	147227	11.4	10.6	6.8	6.9	6.8	6.0	2.3
孟加拉国	3242	6.5	5.6	7.1	7.3	7.9	8.2	2.4
文 莱	120	0.4	2.6	-2.5	1.3	0.1	3.9	1.2
柬埔寨	253	13.3	6.0	6.9	6.8	7.5	7.1	-3.1
印 度	26230	7.9	8.5	8.3	6.8	6.5	4.0	-8.0
印度尼西亚	10584	5.7	6.2	5.0	5.1	5.2	5.0	-2.1
伊 朗	1917	3.2	5.8	13.4	3.8	-6.0	-6.8	1.7
以色列	4020	3.8	5.6	3.8	3.6	3.5	3.5	-2.4
日 本	50487	1.7	4.2	0.5	2.2	0.3	0.3	

续表

国　家	2020 国内生产总值（亿美元）	国内生产总值增长率（%）						
		2005	2010	2016	2017	2018	2019	2020
哈萨克斯坦	1698	9.7	7.3	1.1	4.1	4.1	4.5	-2.6
韩　国	16305	4.3	6.8	2.9	3.2	2.9	2.0	-1.0
老　挝	191	7.1	8.5	7.0	6.9	6.2	5.5	0.4
马来西亚	3367	5.3	7.4	4.5	5.8	4.8	4.3	-5.6
蒙　古	131	7.3	6.4	1.2	5.3	7.2	5.2	-5.3
缅　甸	762	13.6	9.6	5.8	6.4	6.8	1.7	-10.0
巴基斯坦	2637	6.5	1.6	5.5	5.6	5.8	1.0	0.5
菲律宾	3615	4.9	7.3	7.1	6.9	6.3	6.1	-9.6
新加坡	3400	7.4	14.5	3.3	4.5	3.5	1.3	-5.4
斯里兰卡	807	6.2	8.0	4.5	3.6	3.3	2.3	-3.6
泰　国	5018	4.2	7.5	3.4	4.2	4.2	2.3	-6.1
越　南	2712	7.5	6.4	6.2	6.8	7.1	7.0	2.9
埃　及	3631	4.5	5.1	4.3	4.2	5.3	5.6	3.6
尼日利亚	4323	6.4	8.0	-1.6	0.8	1.9	2.2	-1.8
南　非	3019	5.3	3.0	0.4	1.4	0.8	0.2	-7.0
加拿大	16434	5.0	3.1	1.0	3.0	2.4	1.9	-5.4
墨西哥	10762	2.3	5.1	2.6	2.1	2.2	-0.1	-8.2
美　国	209366	3.5	2.6	1.7	2.3	3.0	2.2	-3.5
阿根廷	3831	8.9	10.1	-2.1	2.8	-2.6	-2.1	-9.9
巴　西	14447	3.2	7.5	-3.3	1.3	1.8	1.4	-4.1
委内瑞拉		10.3	-1.5					
捷　克	2435	6.6	2.4	2.5	5.2	3.2	2.3	-5.6
法　国	26030	1.7	1.9	1.1	2.3	1.8	1.5	-8.1
德　国	38061	0.7	4.2	2.2	2.6	1.3	0.6	-4.9
意大利	18864	0.8	1.7	1.3	1.7	0.9	0.3	-8.9

续表

国 家	2020国内生产总值（亿美元）	国内生产总值增长率（%）						
		2005	2010	2016	2017	2018	2019	2020
荷 兰	9122	2.1	1.3	2.2	2.9	2.4	1.7	-3.7
波 兰	5942	3.5	3.7	3.1	4.8	5.4	4.5	-2.7
俄罗斯	14835	6.4	4.5	0.2	1.8	2.8	2.0	-3.0
西班牙	12812	3.7	0.2	3.0	3.0	2.4	2.0	-10.8
土耳其	7201	9.0	8.4	3.3	7.5	3.0	0.9	1.8
乌克兰	1556	3.0	3.8	2.2	2.5	3.4	3.2	-4.0
英 国	27077	3.0	2.1	1.7	1.7	1.3	1.4	-9.8
澳大利亚	13309	3.2	2.1	2.8	2.2	2.9	2.2	-0.3
新西兰	2125	3.3	1.5	3.7	3.6	3.2	1.6	1.0

数据来源：《中国统计年鉴2021》

那么，在目前的双循环发展阶段，基础设施投资是否已出现过剩？继续在基础设施领域追加投资能使经济发展提速吗？而且，即使基础设施产业仍需继续投资，在供给侧结构性改革和高质量发展的背景下，其投资自然不能再沿袭以前的投资模式了，基础设施产业同样也需要进行供给侧结构性改革，需要高质量发展。很难想象，基础性产业不进行实质性的供给侧改革，不实施高质量发展，整个国民经济的供给侧结构性改革和高质量发展会取得良好的效果。那么，基础设施产业如何有效推进供给侧结构性改革和实施高质量发展战略呢？产业发展的前提和出发点是投资，双循环下如何实施基础设施产业的高质量投资呢？近年来已出现了大量关于供给侧结构性改革、高质量发展和双循环的研究，但对于基础设施产业本身的供给侧结构性改革和高质量发展方面的研究却很少，基础设施领域高质量投资方面的系统研究也很少见。

向高质量发展转向阶段的供给结构优化是一个长期问题，本轮基础设施"补短板"的主要任务应该是促进长期的供给结构优化和经济增长，提高长期经济增长的潜力，同时兼顾短期经济增长，协调供给和需求。近期的一项相关研究显示，中国基础设施投资整体上显著提高了经济增长的质量，在全球金融危机期间基础设施投资的作用显著上升，仍然是短期逆周期调整的有效工具。短期内基础设施投资扩张能够促进私人部门的消费，但长期大规模投资则可能挤压非生产性公共支出，损害经济增长的质量[1]。仅就高质量发展而言，目前基础设施投资也可以起到积极作用。例如一项相关研究就显示，新型数字基础设施对于经济高质量发展有着显著的促进作用，新型数字基础设施有助于提升数字化能力进而促进经济高质量发展[2]。

第二节　引导和支持社会资本参与基础设施投资

一、政府可促进社会资本进入基础设施领域

多年以来，我国一直在基础设施投资领域积极引入社会资本，但效果并不理想。虽然影响因素是多方面的，但政府行为无疑是一个重要的影响因素。近年的一些研究也证实了这一点。一项相关研究指出，在进入基础设施投资领域方面，民营资本比国营资本的顾

---

[1] 随洪光、周瑾、张媛媛等：《基础设施投资仍然是有效的扩张性工具吗？——基于增长质量视角的流量分析》，《经济评论》，2022年第1期，第66—81页。

[2] 范合君、吴婷：《新型数字基础设施、数字化能力与全要素生产率》，《经济与管理研究》，2022年第1期，第3—22页。

虑明显更多，尤其对合适项目少、门槛高、合法权益得不到保护等方面的问题表现出更明显的顾虑；从社会资本所在地域来看，东部社会资本更关注政府行为，中部和西部社会资本则更顾虑项目少以及项目质量问题；从社会资本规模来看，越大型的企业越担心政府信用风险大或存在不公平竞争等问题；从社会资本经验水平来看，对融资难、政府信用风险的顾虑随着社会资本经验水平的提升而加大[①]。另一项相关研究在从企业的性质、地域、规模与经济预期等方面影响因素进行了多维度的对比分析后也指出：要鼓励民间资本参与基础设施建设，首要的任务是完善资本市场，拓宽融资渠道，降低融资难度与成本。其次，针对不同地域、不同规模的企业，政府应进一步完善中西部地区的区域经济体系建设，积极探索建立区域金融改革试点，并根据地区间经济水平与企业实力差异有侧重地给予政策支持，如对中西部地区或中小型企业提供一定的降税或退税。配合针对性、分档次的资本金制度，降低民间资本投资基础设施项目的门槛，优化市场准入环境[②]。

二、以养老服务业为例的社会性基础设施投资分析

（一）现阶段我国政府支持民营养老机构投资的必要性

虽然在经营效率方面民营养老机构一般都高于同等规模的公办养老机构（特别是在公办养老机构垄断市场的情况下更是如此），但现阶段我国民营养老机构的发展却需要政府有关部门的大力支持。

---

① 苏靖丹、伍迪、王守清等：《我国社会资本参与基础设施PPP项目的主要顾虑研究》，《建筑经济》，2021年第8期，第81—85页。

② 伍迪、陈海清、王守清：《民间投资基础设施项目的资本结构影响因素研究》，《建筑经济》，2021年第6期，第24—28页。

主要原因有两个：一是养老机构所提供的服务本身具有准公共产品的性质，即使在成熟的市场经济条件下，公共品或准公共品的有效提供也离不开政府部门的各种扶持和监管。二是目前我国的市场机制还不够完善，参与养老服务供给的营利性组织和非营利性组织也都还不够成熟。根据市场增进论等理论，在这种情况下，参与养老服务提供的社会力量更需要政府有关部门的大力支持。

根据萨缪尔森的经典定义，公共产品具有两种主要特性，即非排他性和非竞争性。从一方面来看，养老福利服务实际上具有一般性的非排他性。因为享受养老福利服务是每位老人的合法权益，所以虽然技术上可排他但法律上却不可排他。从另一方面来看，养老服务又具有明显的竞争性。因为随着老年人口的增加和养老服务需求的增长，养老机构通常会表现出明显不足，养老服务水平也可能会下降，从而产生"拥挤成本"。因此，养老福利服务一般属于具有竞争性的准公共产品。准公共品或公共品的提供者不一定非要是政府，但即使是由非政府组织来提供，也需要政府有关部门的支持或扶持才能使其供给真正能够满足社会需求。

在目前我国市场经济体制尚不够完善，民营资本在市场上的竞争力相对较弱的情况下，提供准公共品的民营养老机构就更需要政府有关部门的大力支持。这里以浙江省的一个例子来说明。浙江省是我国民营经济大省，早在20世纪90年代就推进了社会福利的社会化，积极鼓励、引导民间资本进入养老服务领域。目前浙江民营养老机构的发展处于国内领先位置，民办机构床位占比处于全国前列。因此浙江省民营养老机构的发展在我国具有一定的典型意义。一些相关研究显示，当前进入浙江省养老服务领域的社会力量大多为小微企业主和普通民众，其中相当一部分人为下岗工人，因而相对于国办养老机构而言处于弱势状态。在民营经济相对比较发达的浙江省，民营养老机构仍旧处于这种主体弱势状态，其他省份情况可想而知，所以我国各地的民营养老机构的发展普遍都应受到政府有关部门的支持。

（二）政府支持民营养老机构的具体举措

其实，在民营资本不断积累的今天，政府对民营养老机构的大力支持不仅能促进养老服务业发展，还能在一定程度上促进经济增长和就业等。

1. 政府对营利性和非营利性的民营养老机构都给予大力支持

如前所述，目前我国大部分民营养老机构都登记为非营利性组织，目的是获取政府的多种优惠，而这又与这些民营机构创办者追求盈利的初衷相矛盾，从而导致了一系列问题。如果政府出台一些新的政策或调整一些制度安排，对营利性民营养老组织也给予大力支持，就会大大改善这种市场扭曲状态，从而有效地推动民营养老机构的快速发展。同时，一些国际经验也表明，营利性养老机构的发展可能会比较明显地促进市场竞争，从而提高资源配置效率。

当然，对于非营利性养老服务机构，政府也应继续或进一步加大支持力度。国外相关经验表明，即使是在成熟的市场经济体系之下，非营利性的养老机构也需要政府的大力支持。萨拉蒙提出的志愿失灵理论认为，非营利性部门存在固有的局限性，其中慈善不足就是志愿制度面对的一个主要缺陷，即它无法产生充足的、可靠的资源，导致志愿部门活动所需的资源与其所能募集到的资源之间存在巨大的缺口。提到非营利性组织，人们可能会想到发达国家中比较常见的私人捐赠。然而一些研究指出，在很多西方发达国家私人捐赠并不是非营利性收入的主要来源。从上述发达国家的经验来看，非营利性养老组织的主要收入来源是服务收费和政府资助，在法国和德国等国家，政府资助是非营利性组织最主要的收入来源。由此可见，即使是在我国市场经济发展成熟的条件下，非营利性养老机构的主要收入来源之一也应是政府资助，在目前市场经济尚未成熟的条件下就更是如此。当然，从一些资料也能看出，非营利性组织另一个主要的收入来源是服务费，但是这种非营利性组织的服务收费显然也需要得到政府部门的规范和监管。事实上，目前我国的公益慈善事业尚处于发展的初级阶段，社会公众的公益意识还没有普遍建立起来，所以以私人捐赠形式维持的非营利养老机构尚无法成为满足养老服务需求的主体，如果说要让社会力量成为养老服务的供给主力，那么这些社会力量在现阶段也只能是主要由政府资助支持的非营利性养老机构和营利性养老机构。

2. 完善各级政府对民营养老机构的各类投入、补贴或优惠政策

（1）继续完善税费优惠政策

其实，我国政府有关部门，特别是民政部早已认识到了通过税费优惠对民营养老机构进行支持的重要性。我们这里来看一下民政部的权威文件之一——民政部《关于鼓励民间资本参与养老服务业发展的实施意见》（民发〔2015〕33号）[以下简称《意见》（民发〔2015〕33号）]关于这方面的表述。《意见》（民发〔2015〕33号）要求："对民办养老机构提供的育养服务免征营业税。养老机构在资产重组过程中涉及的不动产、土地使用权转让，不征收增值税和营业税。""进一步落实国家扶持小微企业相关税收优惠政策，对符合条件的小型微利养老服务企业，按照相关规定给予增值税、营业税、所得税优惠。""对符合条件的民办福利性、非营利性养老机构取得的收入，按规定免征企业所得税。""对民办福利性、非营利

性养老机构自用的房产、土地免征房产税、城镇土地使用税。""对民办非营利性养老机构建设免征有关行政事业性收费,对营利性养老机构建设减半征收有关行政事业性收费。"① 那么这些税费优惠政策是否有效呢?一些相关研究显示,在民办养老机构的发展过程中,这些优惠政策确实都对机构的发展起到了积极的作用,但是贡献程度却并不大。虽然上述民政部的权威文件已经对支持民营养老机构发展的税费优惠政策有比较具体的表述,但我国民营养老机构和养老服务业都处在快速发展时期,远未成熟,所以还需要根据形势的变化不断调整这些税费优惠政策。而且,更重要的,还有这些税费优惠政策的切实落实问题,不过这一问题我们留到后面和其他政府支持性政策一起讨论。

(2) 加大对民营养老机构的资金支持力度

如前所述,资金不足是目前我国民营养老机构面临的一个突出问题。要解决这个问题,仅靠民营养老机构自身是远远不够的。政府部门,特别是地方政府部门需要继续加大在资金方面对民营养老机构的支持。政府部门对民营养老机构的资金支持目前有两个主要方面:直接的资金投入或补贴;鼓励金融机构加大对民营养老机构的资金支持力度。上述的《意见》(民发〔2015〕33号)也对政府在资金投入、补贴和鼓励金融机构支持民营养老机构方面有一些具体表述。《意见》(民发〔2015〕33号)要求:"加大对养老服务业发展的财政资金投入。有条件的地区,可设立专项扶持资金。充分利用支持服务业发展的各类财政资金,探索采取建立产业基金、PPP

---

① 民政部:《关于鼓励民间资本参与养老服务业发展的实施意见(民发〔2015〕33号)》,http://www.mca.gov.cn/article/zwgk/fvfg/shflhshsw/201502/20150200777798.shtml。

等模式，支持发展面向大众的社会化养老服务产业，带动社会资本加大投入。通过中央基建投资等现有资金渠道，对社会急需、项目发展前景好的养老项目予以适当扶持。""民政部本级彩票公益金和地方各级政府用于社会福利事业的彩票公益金，要将50%以上的资金用于支持发展养老服务业，并随老年人口的增加逐步提高投入比例。其中，支持民办养老服务发展的资金不得低于30%。"

但民政部这些要求的一部分只是方向性的，还需要具体的细化措施和切实的落实。具体到各地方政府部门，需要根据本地区的经济发展水平、财政资金实力和金融机构发展状况等具体因素制定具体的支持措施，但需要切实提高资金投入或补贴力度，提高补贴额和补贴覆盖面，提高民营养老机构的床位和运营补贴标准。在鼓励金融机构支持民营养老机构方面，政府可以采取多种措施，例如可以向金融部门提供专项养老服务基金补贴，鼓励金融部门根据民营养老服务机构的规模、档次与运营状况等，对资金相对不足但有一定偿还能力的养老机构，将其财产作为抵押，提供低息或无息贷款，或者规定养老机构运营若干年后可抵消贷款。同时，还可出台相应政策，鼓励社会资本和国有金融机构等以入股合作的方式对民营养老机构进行注资合资经营等。从国内已有的一些相关经验来看，各项财政补贴中床位补贴是一种比较常见的补贴方式。由此可见，这是一项可实施性较强的补贴方式，下一步应该根据各地区的具体情况进一步提高床位的补贴额度和补贴范围，例如加大对营利性民营养老机构（企业组织）的补贴力度。

（3）通过政策优惠尽量解决民营养老机构的用地难问题

目前我国民营养老机构的经营成本中最主要的部分之一就是房租或用地的费用，这部分成本的变化对其发展有重要的影响。民营养老机构的用地难或房租负担重的问题仅靠其自身是很难解决的,尚需要有关政府部门的一些政策手段支持。一项相关研究表明,土地使用优惠对于养老机构发展的促进作用要显著地高于医疗合作通道,是推进民办养老机构发展的行业保护政策中最重要的优惠措施[①]。在具体的支持手段方面,首先,地方政府部门要依据当地养老服务业的发展需要把民营养老机构的用地需要纳入统一规划之中,在土地审批、出租等环节给予民营养老机构一些政策性的倾斜、补助或优惠,尽量保证养老服务这种具有一定公益性质的行业的用地需求。其次,还可以出台相关优惠政策,鼓励民营资本对已有的一些房屋设施,特别是具有一定闲置性或不符合规划要求的房屋设施进行改造以用于养老服务。第三,可以采取"公建民营"等方式,把政府出资兴建的养老机构附加一些优惠条件用市场化的手段规范地转给民营养老机构使用。对于这些方面,上述《意见》(民发〔2015〕33号)也已有过一些相关表述:"民间资本投资养老服务设施所需建设用地,适用国家规定的养老服务设施用地供应和开发利用政策,国土资源管理部门应按照《国土资源部办公厅关于印发〈养老服务设施用地指导意见〉的通知》(国土资厅发〔2014〕11号)相关规定,积极做好用地服务工作。""支持机关、企事业单位将所属的度假村、培训中心、招待所、疗养院等转型为养老机构,支持民间资本对企业厂房、商业设施及其他可利用的社会资源进行整合和改造,用于养老服务。""鼓励将政府投资举办的养老机构特别是新建机构,在明晰产权的基础上,通过公开招投标,以承包、

---

① 范西莹:《政策性支持对于我国民办养老机构发展的推助作用分析》,《甘肃理论学刊》,2013年第11期,第188—192页。

联营、合资、合作等方式,交由社会力量来运营,实现运行机制市场化。"① 但这些措施在各地方的具体实施还有比较大的难度,往往需要多方的共同努力。

(4) 通过政策支持,有效促进针对民营养老机构的人力资源培养

养老服务行业的劳动密集型特征在民营养老机构中体现得更为突出。民营养老机构一般设施简单,技术水平落后,且主要针对较低收入养老人员,所以护理人员工资与房租一样通常都是其成本的主要组成部分之一。而且,民营养老机构人力资源(这里主要指护理人员)的低质量往往直接导致其服务质量的偏低,进而导致其主要面对低收入养老人员且服务收费较低。服务收费又是目前我国民营养老机构的主要收入来源,所以低收费导致的机构低收入一般会导致其所雇佣的护理人员的低收入,护理人员的低收入进一步导致了护理人员的低质量,这样就形成了一种恶性循环:护理人员的低质量→民营养老机构的低服务质量→民营养老机构的低收入→护理人员的低工资→护理人员的低质量。靠民营养老机构自身是很难打破这种恶性循环的,只能借助于政府或社会的力量去打破。对此,上述《意见》(民发〔2015〕33号)也已有过一些相关要求:"支持职业院校设立养老服务相关专业点,扩大人才培养规模;加快发展养老服务专科本科教育,积极发展养老服务研究生教育,培养老年学、人口与家庭、人口管理、老年医学、中医骨伤、康复、护理、营养、心理和社会工作等方面的专门人才。""依托职业院校和养老

---

① 民政部:《关于鼓励民间资本参与养老服务业发展的实施意见(民发〔2015〕33号)》,http://www.mca.gov.cn/article/zwgk/fvfg/shflhshsw/201502/20150200777798.shtml。

机构等,加强养老护理人员培训,对符合条件参加养老照护职业培训和职业技能鉴定的从业人员,按规定给予补贴。"政府在人力资源,特别是护理人员培养方面对民营养老机构的支持性措施可以包括以下一些方面:第一,加强宣传力度,通过多渠道宣传养老服务机构及养老护理人员的必要性与重要性,提升社会对他们的认同度。第二,可以为民营养老机构的护理人员提供公益性岗位补贴,从而提高其收入和工作积极性。第三,推行养老护理员职业资格证书制度。政府首先设立养老服务业的准入标准,护理人员要获得相应的专业技能等级证书方能进入养老机构,然后政府免费或低偿提供养老护理、家政服务等方面相关职业技能培训,培训后经职业技能鉴定合格的颁发养老护理员职业资格证书,并定期对养老护理人员进行再培训。第四,既可建立专门性培训机构,也可依托医科院校或其他职业院校来定向培养养老服务方面的专业人才,并可向养老服务和管理专业方面的学生提供学费补贴[①]。

3. 调整政策,有效促进养老服务市场竞争

如前所述,目前我国民营养老机构发展滞后的一个重要原因就是在养老服务市场上与公办养老机构之间的不公平竞争。这种不公平竞争使得本就处于弱势的民营养老机构的发展更加困难,也使得我国养老服务市场上的资源配置效率偏低。哈维·S. 罗森通过比较研究认为,公共产品由政府生产还是由私人生产并不重要,关键在于是否存在竞争。只要生产者和消费者之间存在竞争,市场机制就会发生作用,一个竞争的经济会"自动"而有效地配置资源。对于

---

① 黄佳豪、孟昉:《安徽省合肥市民办养老机构发展的现状与问题》,《中国卫生政策研究》,2014年第4期,第62—66页。

具有竞争性的准公共产品来说，一定程度上采用市场机制，能够更加有效地配置公共资源①。而养老服务业所提供的服务正是一种准公共品，所以是可以通过促进市场竞争程度来改善资源配置效率的。竞争性政策的推广和实施给民办养老机构自身的发展和民办养老服务业的发展所带来的影响要远远超出其他各类型的政策对于机构和产业的推动作用。引入竞争机制，创造公正和透明的市场环境，实现优胜劣汰，对于机构的激励和产业的扶持作用是巨大的。

从上面的分析可看出，很多政府部门已经采取了一些措施去支持民营养老机构的发展。但实际上，公办养老机构因为直接隶属于政府有关部门所以可能会受到政府部门更多的支持，很多实证分析也证明了这一点。近年来我国经济体制改革的核心内容是要让市场在资源配置中起到决定性作用。虽然养老服务市场属于准公共品生产市场，不能完全由市场机制来决定资源配置，但目前我国养老服务市场上市场机制发挥的作用还很不够。所以为了扶持民营养老机构和促进整个养老服务业市场的健康发展，我国有关政府部门需要调整对待公办养老机构和民营养老机构的支持态度，向民营养老机构进行倾斜，给予民营养老机构更多的政策扶持，特别是在涉及市场竞争的一些方面。可以借鉴电信等基础设施行业促进竞争的一些做法，如不对称管制等。通过对相对处于弱势的民营养老机构进行更大力度的支持才能进一步促进我国养老服务市场的竞争，从而提高这类市场的资源配置效率。

当然，在现阶段，政府也应支持民营养老机构找好市场地位，

---

① 周清：《促进民办养老机构发展的财税政策研究》，《税务与经济》，2011 年第 3 期，第 100—104 页。

与公办养老机构做到互补合作而不是恶性竞争。一些研究显示,大部分老人在条件允许的情况下更倾向于选择居家养老,即使是考虑去养老机构的老年人也更倾向于公办养老机构。由于民营养老机构在政策优惠、硬件设施、地理区位等方面"拼"不过公办机构,有些地方将民营养老机构职能与公办养老机构等同,没有扬长避短地找准民营养老机构的市场职能定位,导致空置率高、经营困难等问题时有发生。民营养老机构根据当地养老服务业的发展阶段的正确定位需要民营养老机构自身和政府有关部门达成共识,然后政府部门依据这种定位共识给予相应的支持。

4. 通过政府政策鼓励民营养老机构走向规模化、多功能化经营

我国民营养老机构目前普遍规模偏小,功能单一,连锁化等现代经营方式比较少见,从长远来看这会严重制约民营养老机构的市场竞争力。有分析指出,日本等发达国家和我国香港、台湾地区,养老机构除了直接提供养老服务外,还有医疗、培训、志愿服务等项目。我国民营养老机构也可以借鉴这些经验,不仅进行养老服务,还可直接兴办医疗机构、护理培训学校,同时还可生产养老服务用品等[1]。上述《意见》(民发〔2015〕33号)也已对此有过一些相关要求:"鼓励社会力量举办规模化、连锁化的养老机构,鼓励养老机构跨区联合、资源共享,发展异地互动养老,推动形成一批具有较强竞争力的养老机构。"[2]

如上所述,目前我国民营养老机构竞争力不足的原因之一是其

---

[1] 董红亚:《基于主体弱势化的民办养老机构发展研究——以浙江省为例》,《中州学刊》,2013年第5期,第68—73页。

[2] 民政部:《关于鼓励民间资本参与养老服务业发展的实施意见(民发〔2015〕33号)》,http://www.mca.gov.cn/article/zwgk/fvfg/shflhshsw/201502/20150200777798.shtml。

经营的规模化不足，而其规模化经营的形成往往也需要政府部门的相关支持。当然，政府对民营养老机构规模化的支持要达到预期的目的并不是一件容易的事情，需要综合考虑多种相关因素后选择适宜的支持力度和支持方式，绝不仅仅是单纯地增加政府投入这么简单。近年的一些实证案例也显示，政府对规模化民营养老机构的支持未必能取得预期的效果。依据产业经济学中的有效竞争理论，政府在通过政策支持提升规模化民营养老机构竞争力的同时还需要考虑整个民营养老服务市场的竞争格局问题，使得规模化企业的规模经济与产业市场竞争间达到一个最佳的协调状态。例如，虽然有一些研究指出民营养老机构的困境是因规模效应不足造成的，所以政府应该扶持上规模的民营机构，而且这也是前几年政府的政策取向之一。但如此，大量的弱势化主体创办并经营的民营养老机构可能就因此被排除在政策扶持重点之外。这些弱势化主体创办并经营的民营养老机构由于得不到政府足够的资金支持，又没有能力自己改善设施，因此可能造成弱者更弱的局面，这会进一步降低整个民营养老服务市场的竞争程度。因此，政府在通过政策扶持规模化民营养老机构的同时还需要加大对更弱势的民营养老机构的扶持力度，并将这两种扶持政策依据产业的发展状况进行协调，以达到更高的产业有效竞争状态。同时，仅就企业规模经济而言，政府的扶持也要充分考虑多种相关因素。企业规模经济的出现需要具备多种内外条件，并不仅仅是政府政策扶持一项措施就能实现的。企业的规模扩大了并不必然导致规模经济性的出现，还要看整个产业的发展状况和企业内部的其他相关因素。一些实践案例也显示，政府虽然大力扶持规模机构，但规模效应并没有给机构带来预期效益。这个问题的原因是多方面的。首先，相对于巨大的投入而言，政府的补助可能还是偏少的。其次，只有企业规模发展到一定程度才可能会有规模经济性的出现。再次，在有些发展阶段规模化的民营机构可能反而面临着更大的生存发展压力。总的来说，我们认为养老服务业是存在一定的规模经济性的，但规模经济的出现需要具备多种条件，政府的政策扶持需要与其他相关因素相协调。

养老机构的服务对象是老年人，这些人平时有比较多的医疗需求，民营养老机构主要服务的低收入老年人就更是如此。因此政府部门在医疗方面对民营养老机构的支持很重要，而且一定程度上的医疗保障本身也是政府的责任之一。上述《意见》（民发〔2015〕33号）也提出"推进医养融合发展"，"支持有条件的养老机构内设医疗机构或与医疗卫生机构签订协议，为老年人提供优质便捷的医疗卫生服务。各级卫生计生行政部门要对养老机构设立医务室、护理站等医疗机构给予大力支持，积极提供便利；按规定进行设置审批和执业登记"[1]。实际上，目前国内已有一些民营养老机构在传统养老服务方式的基础之上发展多功能养老服务经营，并且获得了比传统养老服务更多的利润，但却导致了另一种形式的扭曲发展。一项调研显示，凡是有利润的民办机构都是复合型机构，有餐饮公司、培训学校、老年医院等。医院是重要的利润来源，有的养老机构自称养医结合，实质上是把医疗当主业，对老人过度医疗，医保金成为主要的收入来源[2]。这与目前民营养老机构主业的利润偏低有关，但更与政府有关部门的监管不力有关，需要相关政府部门有针对性

---

[1] 民政部：《关于鼓励民间资本参与养老服务业发展的实施意见》（民发〔2015〕33号），http://www.mca.gov.cn/article/zwgk/fvfg/shflhshsw/201502/20150200777798.shtml。

[2] 董红亚：《基于主体弱势化的民办养老机构发展研究——以浙江省为例》，《中州学刊》，2013年第5期，第68—73页。

5. 切实保障各项支持性政策措施的有效落实

到目前为止，我国政府有关部门已经出台了一些支持民营养老机构发展的政策措施，包括税费优惠、房租补贴、水电费补贴等多种形式。但一个普遍的现象是：很多支持性政策在国内的落实效果并不好。所以出台了各项支持性政策之后，政府的另一项更重要的工作就是要尽量保证这些支持性政策能够真正落实，至少要尽量落实。这需要多方面的努力：像一些研究者建议的那样，政府可以将推进民营养老机构及整个养老服务业的发展，作为对地方领导干部政绩考核的重要指标之一，激励其重视各项支持性政策的落实。对于已经出台和开始落实的各项优惠政策，政府有关部门一定要配以具体实施细则，及时对其进行检查和评估，检验政策的有效性和各部门的落实情况[1]。而且，很多支持性政策的落实需要多个部门联合推动，也需要更高一级部门的协调和督促。例如针对民营养老机构的土地方面的优惠政策就需要民政部门、国土资源部门等多部门的联合策划和落实。另外，各项支持性政策的有效落实还需要在政府有关信息公开、透明的基础之上社会多方力量，特别是各利益相关体代表的共同参与和监督。

6. 政府支持的前提是对民营养老机构的有效监管

如前所述，虽然目前我国大部分民营养老机构都登记为非营利性组织，而实际上这些民营养老机构的管理者又像其他行业的民营企业主一样是以盈利最大化为经营目的的。作为准公共品生产者且

---

[1] 黄佳豪、孟昉：《安徽省合肥市民办养老机构发展的现状与问题》，《中国卫生政策研究》，2014年第4期，第62—66页。

受到政府部门多方面支持的民营养老机构必须接受政府部门多方面的有效监管。没有这些有效监管，就不能保证养老服务供给的准公共性，更不能保证大量政府支持资源的合理利用。前面我们介绍过日本曾经对民营养老机构进行过一些政策性支持，但同时，日本也对这类养老机构进行严格监管，以保障被服务老人的权益和养老服务市场的健康发展。我国在进一步加大对民营营利性养老机构的支持力度以后，民营养老机构在产权登记方面的扭曲应该会有明显改善。在受到多方面政策支持的民营养老机构的市场运营过程中，我国有关政府部门还需要动员多方力量，包括政府有关部门、消费者、社会第三方力量等对民营养老机构进行多方面的、公开透明的监管，并及时向社会发布可靠的监管信息，以促进民营养老机构及整个养老服务业的健康发展。

第三节　增加农村地区的基础设施投资

一、基础设施投资有利于农村发展和农民增收

很多研究都显示，在目前的发展阶段，基础设施的投资无论是对农村地区的经济发展还是对农村居民的收入增加或减贫都具有正向的积极作用。一项研究显示，农村经济性基础设施的投入可以显著地促进农民各类收入增长，而农村社会性基础设施的投入也对农民工资性收入具有显著的正向作用[1]。另一份相关研究也显示，"宽

---

[1] 吴明娥：《中国农村基础设施投入促进农民增收了吗？——基于结构性、空间性和异质性的三维视角》，《经济问题探索》，2022年第8期，第37—56页。

带中国"示范城市建设带动的网络基础设施普及促进了农村居民人均收入提升,且互联网基础设施建设对农村居民的增收效应在逐年增强①。

二、以社会保障为例的社会性基础设施投资分析

如上所述,从理论上讲,社会保障水平的提高可通过增加居民可支配收入或减少风险储备来提高农村居民现期的消费水平,一些实证检验似乎也证明了这一点。但也有一些实证研究得出了相反的结论。那么,为什么会有这种相矛盾的实证分析结果呢?除了这些实证研究的分析方法和所使用的数据自身的偏差之外,一个基本的理论性原因是,在社会保障支出中的相当比例由居民自身承担且居民收入水平较低的情况下,社会保障水平的提高一方面因为减少预期支出等原因可提高现期消费水平,另一方面又因社会保障支出的增加而减少现期可支配收入,从而减少现期消费。社会保障水平的提高最终能否促进现期消费将取决于这两种方向相反的作用大小的对比。一些相关研究发现当经济发展水平较低时,社会保障参与率的提高会降低居民消费需求;只有当经济发展水平较高时,社会保障参与率的提高才能促进居民消费需求的增加。所以要让社会保障水平的提高能有效带动消费增长就必须加大政府财政投入的力度。实际上就目前我国农村的发展状况而言,农村社会保障以政府投入为主也是一种比较现实的选择。

一般来说,社会保障筹资结构大体可以分为三种:第一种是政

---

① 金晓彤、路越:《互联网基础设施建设与农村居民增收》,《当代经济管理》,2022 年第 1 期,第 44—52 页。

府保障型模式。社会保障资金主要由政府负担，靠一些政府税费项目来筹资。第二种是社会保障型模式，主要由企业或单位和个人共同缴费参加社会保险，政府给予少量的补贴。第三种是个人保障型模式，主要采取个人购买商业保险等形式。而因为我国农村居民收入水平较低和一般为家庭个体经营等，社会保障型模式和个人保障型模式在我国农村的可实施性较小，所以我国农村社会保障只能选择政府保障型模式。在目前我国的一些农村社会保障项目中，政府投入的比例并不算低，但因为社会保障水平尚处于较低阶段，所以还需要政府加大投入力度。目前从城乡对比来看，社会保障水平仍有一定差距。这里以医疗卫生机构床位数对比来看（见表5-2），城乡人均差距仍旧十分明显。所以还需要政府部门加大对农村地区的相关投入。

表 5-2 2010—2020 年城乡医疗卫生机构床位数　　（单位：张）

年份	医疗卫生机构床位数			每千人口医疗卫生机构床位			每千农村人口乡镇卫生院床位数
	合计	城市	农村	合计	城市	农村	
2010	4786831	2302297	2484534	3.58	5.94	2.60	1.12
2011	5159889	2475222	2684667	3.84	6.24	2.80	1.16
2012	5724775	2733403	2991372	4.24	6.88	3.11	1.24
2013	6181891	2948465	3233426	4.55	7.36	3.35	1.30
2014	6601214	3169880	3431334	4.85	7.84	3.54	1.34
2015	7015214	3418194	3597020	5.11	8.27	3.71	1.24
2016	7410453	3654956	3755497	5.37	8.41	3.91	1.27
2017	7940252	3922024	4018228	5.72	8.75	4.19	1.35
2018	8404088	4141427	4262661	6.03	8.70	4.56	1.43
2019	8806956	4351540	4455416	6.30	8.78	4.81	1.48
2020	9100700	4502529	4598171	6.46	8.81	4.95	1.50

数据来源：《中国统计年鉴2021》

三、增加改善农村消费环境的基础设施投资

高质量发展的主要标志之一就是民众消费水平的显著提高，高消费水平不仅能拉动短期投资，也能通过提高全要素生产率等途径来促进长期的供给结构优化。目前我国消费对经济增长的贡献率尚不及美国20世纪50年代的水平，也低于美、日、韩等国家20世纪70年代以后的水平。农村地区的消费水平更是偏低，而基础设施投资一般可以促进农村地区的消费。一份研究就显示，2020年我国城乡居民总消费以及交通通信、文教娱乐、医疗保健消费支出差距接近2倍，而网络基础设施发展对我国农村居民总体消费数量增加和消费类目丰富都具有显著的促进作用[1]。

除了通过促进就业和收入增长来提高消费水平，基础设施投资还能通过改善消费环境来促进消费。收入能否有效转化为消费在很大程度上取决于消费环境，而目前我国城乡，特别是农村地区的消费环境尚需改善。2015年底国务院出台的《关于积极发挥新消费引领作用加快培育形成新供给新动力的指导意见》中就明确指出要"加快推进重点领域制度创新，全面改善并优化消费环境"。一项实证研究显示，基础设施等消费环境的改善对消费增长有着显著的正向促进作用，改善我国当前的基础设施等消费环境能够有效释放居民消费潜力和促进经济增长[2]。另一项研究也显示，基础设施的改善

---

[1] 聂昌腾：《网络基础设施与农村居民消费：理论机制与经验证据》，《调研世界》，2022年第8期，第78—88页。

[2] 马莉莉、费园梅、谢钦：《消费环境对我国消费增长影响的实证研究——基于省际动态面板数据的系统GMM分析》，《湖北社会科学》，2017年第2期，第98—103页。

可以提升居民平均消费倾向，而且这种机制在城市和农村同时存在[①]。

第四节 合理调整政府规制方式

一国基础设施产业的发育状况与其整体国民经济的发展（特别是长远发展）密切相关。从国际比较来看，目前我国基础设施产业总体还存在着很多问题，市场化改革的进程也滞后于我国其他大部分经济领域。理论分析和实践经验都表明，基础设施产业的发展和改革与政府的规制行为息息相关。

一、基础设施产业的特征与政府规制

规制一词来源于英文 regulation。在国内，对应这个英文单词有多种译法或用法，例如规制、管制、调节、管理、监管等。政策层面上用得较多的是监管，学术界用得较多的是规制、管制。其中，规制相对于其他译法或用法，是近些年来国内学者用得比较频繁的一个词[②]。从《新帕尔格雷夫经济学大辞典》的解释来看，规制的含义有广义和狭义之分。广义的规制可指所有政府干预市场主体（主要是企业组织）的行为，这种干预包括宏观和微观两个层面的干预。丹尼尔·F. 史普博所定义的规制似乎属于广义上的规制。他认为，规制是由行政机构制定并执行的直接干预市场配置机制或间接

[①] 冉光和、李涛：《基础设施投资对居民消费影响的再审视》，《经济科学》，2017 年第 6 期，第 45—57 页。

[②] 张红凤：《西方规制经济学的变迁》，北京：经济科学出版社，2005 年版，第 1 页。

改变企业和消费者的供需决策的一般规则或特殊行为①。但一般所说的政府规制主要指政府在微观层面上对市场主体的干预。在这种意义上，很多著名学者都对规制（或称管制）做过明确的定义。不过这些定义的基本内涵可谓大同小异。例如，日本经济学家植草益认为，（公共）规制是指社会公共机构依照一定的规则对企业的活动进行限制的行为②。《新帕尔格雷夫经济学大辞典》对狭义上的规制的解释是：政府为控制企业的价格、销售和生产决策而采取的各种行动，政府公开宣布这些行动是要努力制止不充分重视"社会利益"的私人决策③。

我们认为，基础设施产业一些重要的产业特性决定了政府必然要对其进行显著干预，特别是以规制（这里指狭义的规制）这种在其他产业很少见的微观干预行为进行干预。基础设施产业一般都具有显著的准公共品性、自然垄断性（特别是在基础网络方面）和对整个国民经济而言的基础设施性，同时其产品（或提供的服务）又具有显著的生活必需品的性质，这些特性都使之必然会受到政府的格外关注和干预。对一般的产业，政府即使对其进行干预也一般使用宏观手段间接地进行干预。但对基础设施产业而言，因其具有上述的各种特性，这种间接性的宏观干预一般是不足以达到政府目的的，所以政府通常对这类产业进行更直接的微观干预，即狭义上的规制。

---

① ［美］丹尼尔·F. 史普博：《管制与市场》，上海：上海三联书店、上海人民出版社，1999年版，第2、45、47页。

② ［日］植草益：《微观规制经济学》，北京：中国发展出版社，1992年版，第1页。

③ ［美］史蒂文·N. 杜尔劳夫、劳伦斯·E. 布卢姆：《新帕尔格雷夫经济学大辞典》（第四卷），北京：经济科学出版社，1996年版，第137页。

二、国外放松基础设施产业市场准入规制的原因

具体的规制行为可分为市场准入规制、价格规制、产品（服务）质量规制和企业关系规制（如电信业中的互连互通规制等）等，但其中最重要的是市场准入规制和价格规制。而在这二者之中，市场准入规制又往往是更重要的规制制度（在一国整个规制体系的初建阶段就更是如此）。所以一般所说的放松规制主要就是指放松市场准入规制。因此，在篇幅有限的情况下，本书主要讨论政府效用与基础设施产业的市场准入规制制度演变之间的关系。

（一）政府效用的变化与基础设施产业的规制制度变迁

制度变革可以看作是各相关利益集团对有关的制度变化的预期收益和成本发生改变的结果。影响各相关利益集团这种预期变化的因素主要包括相关的技术、需求或各相关利益集团自身力量的变化等。其实，规制制度的产生与放松规制（规制制度的变迁）通常源于相似的原因，因此可以纳入一个统一的分析框架。规制的出现与放松规制都是内外条件变化导致的利益相关者（特别是主要相关利益者）效用变化的结果。关于规制为什么会产生的问题，西方经济学界和政治学界曾进行了多年的讨论。在目前看来，西方学者提出的利益集团规制理论应该是对这一问题最有解释力的，尽管它还很不成熟。利益集团规制理论认为，利益集团之间的竞争是不充分的或者是一种寡头垄断竞争，可能是以一种不受社会欢迎的方式进行利润再分配。不同的利益集团有不同的讨价还价能力，取决于它们的组织成本和操纵结果获得的收益，它们将付出额外的无效成本参

与利益的重新分配①。从我们目前掌握的资料看，中外学者（主要是西方学者）对利益集团规制说进行了多方面的讨论，但很少有从系统讨论政府（我们认为这是基础设施产业规制和放松规制过程中最主要的一个利益集团或利益集团代表）效用变化的角度出发去解释和分析我国基础设施产业的规制制度变迁趋势的。我们认为，在大多数情况下，基础设施产业的规制制度变革基本上都属于政府主导型制度变迁，在这一变迁过程中政府具有其他主体难以取代的重要作用。虽然这一变迁过程是各相关利益者互相博弈的结果，可在政府对基础设施产业干预很深的情况下（特别是在一些行政权力仍较强和较集中的国家），政府（主要是中央政府）作为变迁过程中的一个重要的利益相关者或一些利益相关者的代表对基础设施产业的规制制度演变通常起着十分重要，甚至是决定性的作用。

实际上，从国际经验看，在绝大多数国家基础设施产业放松规制的改革中，政府都起了决定性的作用。例如，尽管因为自由市场观念比较强等原因，美国电信业受到的政府干预明显少于世界上绝大多数国家的电信业，但美国电信业早年实质性的稳定性市场垄断结构（以专利保护结束后贝尔系统的稳定垄断为标志）和后来具有里程碑意义的实质性竞争市场格局的形成（以 AT&T 的分拆为主要标志）都是由政府行为直接主导的。在政府主导规制制度变迁的情况下，在内外因素的变化改变了政府效用函数之后，政府以效用最大化为目标的行为调整就在很大程度上导致了可实施性的制度安排的改变即规制制度变革的发生。那么，是哪些政府效用因素的变化

---

① ［英］戴维·M. 纽伯里：《网络型产业的重组与规制》，北京：人民邮电出版社，2002年版，第135页。

导致了基础设施产业的市场准入规制制度的变革呢？

(二) 国外导致政府放松基础设施产业市场准入规制的因素

从我们对几个西方典型国家基础设施产业市场准入规制制度演变的实证分析来看，主要有以下几个因素导致政府放松了基础设施产业的市场准入规制。

1. 财政困难

财政因素无疑是决定政府效用的重要因素。新制度主义者道格拉斯·诺斯认为，国家决定了产权制度，而产权制度反过来在很大程度上解释了一个国家的经济发展绩效。一般而言，能否建立一项合理的产权制度，取决于一国的财政政策，而后者在各国是各不相同的。很显然，不利的财政政策会破坏经济增长的激励机制进而影响到经济绩效[1]。近年来很多学者都试图从财政角度去理解政府行为，这可能多半都是受了诺斯有关论述的影响。事实上，国外基础设施产业的很多放松准入规制改革事件也确实都是直接源于政府的财政问题。我们首先来看20世纪八九十年代放松规制的一个典型国家——英国。虽然英国不是最早进行大规模私有化的国家，但是它似乎是OECD国家中私有化最领先和最普及的国家。到1999年，除了邮政服务（皇家邮政），几乎所有的公有企业都被私有化了。西方学者曾这样描述过20世纪80年代英国的私有化（包括对电信、电力、煤气、铁路、航空等基础设施产业在内的私有化）背景："新政府[2]面临的财政约束问题极其严峻——赤字严重，世界经

---

[1] ［美］菲利普·T.霍夫曼、让-劳伦斯·罗森塔尔：《近代早期欧洲战争和税收的政治经济学：经济发展的历史教训》，载于：［美］约翰·N.德勒巴克、约翰·V.C.奈：《新制度经济学前沿》，北京：经济科学出版社，2003年版，第42—43页。

[2] 这里指1979年开始执政的以玛格丽特·撒切尔为首的保守党政府。

济衰退,要增加国防、养老、治安方面的经费,又要承诺不削减医疗服务的支出。在这种情况下,私有化作为解决财政问题和扭转意识形态观点的一个颇有吸引力的方案出现了。"① 在发展中国家,财政问题往往更为重要。著名学者戴维·M. 纽伯里曾指出:发展中国家实行私有化的原因之一是国有企业给财政造成了很重的负担,想进一步通过政府贷款来解决所需投资的资金筹措已经明显存在困难②。在发展中国家,财政困难是导致政府放松市场准入规制的一个普遍因素。例如,有学者就指出,阿根廷结构性改革,包括私有化的主要目标是通过减少巨额开支来加强对财政预算的控制③。

2. 来自国外的压力

在开放经济的条件下,来自国外的压力也是政府放松很多产业市场准入规制的重要原因,有时甚至是主要原因。例如,有学者就指出,狭义的基础设施私有化是指将资产出售给私有部门,这只在极少数工业化国家实施过,即 20 世纪 80 年代的英国和新西兰。但是,在发展中国家和东欧却得到了普遍实践,大多是作为世界银行和国际货币基金组织强制推行的结构调整政策的组成部分④。还有学者在谈到 20 世纪末席卷世界很多国家的那场放松规制运动时指出,一些有着很强的公用事业国有传统的国家现在都必须放开网络的准入——在欧洲,有来自欧盟的各种指令的压力,在加拿大,这是一

---

① [英]戴维·M. 纽伯里:《网络型产业的重组与规制》,北京:人民邮电出版社,2002 年版,第 11 页。

② [英]戴维·M. 纽伯里:《网络型产业的重组与规制》,北京:人民邮电出版社,2002 年版,第 145 页。

③ [德]魏伯乐:《私有化的局限》,上海:上海人民出版社,2006 年版,第 150 页。

④ [德]魏伯乐:《私有化的局限》,上海:上海人民出版社,2006 年版,第 357 页。

个与美国进行贸易往来的条件①。

3. 政治斗争的需要

有时候，政府放松基础设施产业的市场准入规制主要是为了打击政治对手。例如有一种观点就认为，20 世纪末英国电力私有化是一场反对势力强大的公共部门工会运动的一部分，这场运动是为了削弱其对手即工党的势力根基而策划的②。还有学者指出，（在中东欧的私有化过程中）有些动机完全是政治性的。私有化被认为是一个政治行为，它被新生代政治掌权人物当作一种手段，用以剥夺老一代特权阶层权力的经济基础，并用以试图建立一个新的中产阶级和以中产阶级为主的国家秩序③。

4. 不利的宏观经济状况

每一国政府都十分关心本国的宏观经济状况。所以，对宏观经济状况方面的考虑有可能会导致政府对一些产业进行规制或放松规制。例如 Tandon 和 Abdala 就认为，20 世纪末成功出售墨西哥电话公司（Telmex）是墨西哥政府取信于外国股东的策略中很关键的一个部分，墨西哥政府想借助这次出售让外国投资人对墨西哥的信用声誉和市场改革的承诺产生信心。因而，它对宏观经济稳定起了关键性的作用。Joskow 和 Rose 也观察到，美国的许多规制都源于 20 世纪 30 年代大萧条造成的经济波动和改革，而放松规制运动则发生

---

① ［英］戴维·M. 纽伯里：《网络型产业的重组与规制》，北京：人民邮电出版社，2002 年版，第 168 页。

② ［英］戴维·M. 纽伯里：《网络型产业的重组与规制》，北京：人民邮电出版社，2002 年版，第 141 页。

③ ［德］魏伯乐：《私有化的局限》，上海：上海人民出版社，2006 年版，第 327 页。

在 70 年代宏观经济受到冲击之后①。

5. 意识形态

道格拉斯·C. 诺斯曾指出："制度变迁的方式反映出人们的信仰，……信仰转变为制度，制度转变为经济的演进方式。"② 所以，意识形态等文化心理因素也是决定政府效用函数值的重要变量。例如，有学者指出，上述英国私有化改革的主要驱动力是意识形态和政治上的，尤其是（撒切尔政府所体现的）新自由主义。③ 再如，上文谈过，20 世纪末发展中国家和东欧的私有化大多是源于世界银行和国际货币基金组织等国际组织的压力。有国外学者就此指出："这种私有化的推动力量实际上主要是意识形态上的，以新古典主义经济学为依据，并对基础设施持有一种过于简单的看法。"所以，"很多这种类型的私有化遇到了技术、经济和政治上的严重障碍，因而不得不缩小比例，随之进行调整甚或逆转"④。

6. 改善基础设施产业绩效的需要

基础设施产业绩效状况的改善有利于政府税收和利润的增加，也有利于改善消费者福利，进而提高其对政府的认可度和支持度。而通过放松市场准入规制来提高市场的竞争性一般被认为是改善基础设施产业绩效状况的主要途径。所以，出于改善产业绩效的考虑，政府也可能会放松基础设施产业的市场准入规制。例如，与其他典

---

① ［英］戴维·M. 纽伯里：《网络型产业的重组与规制》，北京：人民邮电出版社，2002 年版，第 137 页。

② ［美］科斯、诺思、威廉姆森等：《制度、契约与组织——从新制度经济学角度的透视》，北京：经济科学出版社，2003 年版，第 18 页。

③ ［德］魏伯乐：《私有化的局限》，上海：上海人民出版社，2006 年版，第 307 页。

④ ［德］魏伯乐：《私有化的局限》，上海：上海人民出版社，2006 年版，第 357 页。

型的动机一样，英国铁路系统的私有化也是希望提高生产力和改善服务。大家相信这些是可以通过增进竞争来得到的。当然，生产力的提高同时也意味着对政府补贴需求的减少①。

此外，决定政府效用函数值的还有其他一些变量。例如，按照所谓的"诺斯悖论"，决定政府效用的还有产权安排的租金收入。但这方面的准确数据比较难以得到，所以本书暂不作具体分析。

三、我国基础设施产业市场准入规制分析

随着多年来相关技术和市场需求的显著变化，基础设施产业市场准入规制制度的变革已成为一种普遍的趋势，在我国也是如此。但从国际经验来看，目前我国基础设施产业尚不具备大规模放松市场准入规制的条件。新制度通常需要相关的技术、需求或各相关利益集团自身力量的变化达到一定程度后才会出现。也就是说，改革的启动和成功需要一定的经济和社会条件，需要在各种社会条件下旧制度的危机严重到一定程度。这时，既得利益者维持旧制度的收益可能已很低，成本却很高；而潜在的制度变革推动者的制度创新预期收益较高，预期成本却较小（主要是既得利益者对制度变革的阻力减小）。

从上文的分析可知，导致我国基础设施产业较差绩效的主要原因是相关规制的低效。生产率、产品（服务）价格、服务质量、服务普及率和国际竞争力等绩效指标的改善能显著改善消费者福利水平和增进政府效用，从长远来看也能增进生产者效用（特别是能增强主导企业的国际竞争力），所以会有多种社会力量有力地推动低效

---

① ［德］魏伯乐：《私有化的局限》，上海：上海人民出版社，2006年版，第133页。

规制制度的变革。当然，也会有既得利益者（主要是主导企业和政府有关部门）有力的阻挠。但从上文的分析可知，基础设施产业的规制制度变革主要是由政府主导的。而根据以上国际相关经验来分析，目前我国政府尚不具备大规模放松基础设施产业市场准入规制的激励。

根据上文的分析，导致政府放松基础设施产业市场准入规制的因素主要有财政困难、国外压力、政治斗争的需要、不利的宏观经济状况、意识形态以及改善产业绩效的需要等。但从我国目前的状况来看，这些因素对政府放松基础设施产业准入规制的作用都不是很显著。

首先来看财政因素。国外一般是在政府财政困难时才会有基础设施产业放松规制的发生，而近些年我国政府的财政税收状况并未显著恶化。而且从近些年的税收结构来看，我国政府的税收收入依然命系国有企业，特别是国有垄断型企业。我国电信和电力等基础设施产业的主要企业也属于这些对政府税收贡献较大的国有垄断型企业。所以现有的税收结构以及税制的完善程度阻碍着政府打破目前基础设施产业国有经济垄断格局的放松准入规制行为（因为这样也许会影响到政府的短期税收收入）。其次，我国是一个开放程度仍旧不高的经济大国。从目前的情况来看，国际势力尚很难给我国的经济制度改革施加显著的实质性压力。而且，目前我国的政局和整个宏观经济状况都比较稳定，在这两方面也没有促使政府显著放松基础设施产业准入规制的动力。从意识形态方面看，新自由主义思潮对我国政府的影响并不大，在一些重要的产业（如电信、电力等基础设施产业）坚持以公有制为主体的思想仍在我国占据着主导地位。这些都不足以推动基础设施产业的放松市场准入规制改革。出于改善基础设施产业绩效的考虑我国政府会推动放松市场准入规制。但从国际经验来看,这并不是促使政府放松基础设施产业准入规制的主要因素,单纯这一个因素并不足以推动政府显著放松基础设施产业的市场准入规制。在我国,基础设施产业一些方面的绩效虽然也较差,但对国民经济发展和民众福利的影响并不是很显著,所以单纯这一因素不会导致政府大幅度放松这类产业的市场准入规制。

第六章　基础设施高质量投资的产业对策

第一节　以有效供给为目标

基础设施虽然是国民经济的基础产业和先行产业,但不是发展得越快越好,而是需要与其他产业的发展相协调,否则也会出现供给过剩和资源配置低效的现象。据相关研究,目前我国一部分基础设施在一定程度上、一定区域内已经出现了过剩或超前发展的现象,但仍有一些种类的基础设施或一些区域内的基础设施存在着明显的"短板",而且很多基础设施在供给成本方面有一定的下降空间。特别是从动态的需求角度来看,我国的一些基础设施产业,包括可能在一定区域内存在着过剩现象的一些传统基础设施产业,在供给总量上可能仍需要一定程度的增加。例如有研究就指出,尽管在现有的财政体制下地方政府存在着供给基础设施的激励偏好,但目前我国道路基础设施的供给水平仍低于"帕累托"有效水平,因此在我国推进城镇化的进程中仍需要进一步完善和升级城市的基础设施[1]。

---

[1] 宋琪、汤玉刚:《中国的城市基础设施供给"过量"了吗?——基于资本化视角的实证检验》,《经济问题探索》,2015年第7期,第38—44页。

如本书第三章所述，基础设施投资与经济增长间存在着一种倒 U 型的关系，最佳的投资点在倒 U 型的顶部。

但总的来说，今后一段时间内我国基础设施产业的投资量，特别是政府投资量很难有大规模的扩张。以前我国的基础设施投资主要是政府行为，在今后一段时期政府可能还会是我国基础设施投资的主要力量。但众所周知，减税是供给侧结构性改革的一个重要内容，在减税导致政府收入增速减缓的同时，政府支出的很多方面又存在着一定程度的刚性特征，这种状况被一些人称为财政新常态。财政新常态下的财政压力使得政府在基础设施方面投资量的大规模扩张有一定的难度。而且，一部分基础设施的存量被认为已经过剩，同时政府投资的效率又一直备受质疑，这些也制约着政府在基础设施方面投资量的扩张。至于社会资本，虽然它在基础设施产业的准入门槛不断降低，但受多种因素影响，它在基础设施产业的投资量短期内还是难以有大幅度的增加。

不过，高质量发展和供给侧结构性改革的核心不在于量的扩张，而在于质的提高。而质的提高的一个主要途径就是根据新的需求调整供给结构。习近平总书记就曾强调过，他所提的供给侧改革，完整地说应该是"供给侧结构性改革"，"结构性"三个字十分重要，简称为"供给侧改革"虽然也可以，却不能忘了"结构性"三个字。可见，结构性调整是供给侧改革的重要内容，双循环下的高质量发展也是如此。就我国基础设施产业而言，需要调整的供给结构包括区域结构、产业结构、产品结构等多方面。

第二节 基础设施投资方向的调整

一、控制经济性基础设施的投资量

(一) 转型期的供给动力变化与基础设施投资调整

根据相关国际经验,在跨越"中等收入陷阱"及其前后的高质量发展阶段,与之前的高速增长阶段相比较,供给的动力结构将会发生明显改变,不再以投资和要素驱动为主,而以全要素生产率提高为核心的创新将成为供给增长的主要驱动力。所以有国外研究就指出,面临"中等收入陷阱"的中等收入国家如果想要避免经济增速放缓,就应该在经济增长的同时提升生产率,而不是再依靠大规模的投资动员①。因此,作为高速增长阶段高投资的主要组成部分之一的基础设施投资也应做出相应的调整,适度控制基础设施的投资总量并调整投资结构,否则可能会对现阶段供给动力结构的优化产生不利影响。

日本和韩国是国际上与我国有较强可比性的两个国家。这两个国家在类似目前我国发展阶段的跨越"中等收入陷阱"时期虽然也面临着经济下行的压力,但基础设施投资并未大幅增长。例如,日本20世纪70年代前后的经济发展阶段与目前我国的经济发展阶段大致比较类似,一些研究显示,在这一时期前后日本的基础设施投资增长速度大体随国民经济增长速度的变化而变化。也就是说,在

---

① 朴馥永:《以经济转型跨越"中等收入陷阱"——来自韩国的经验》,《经济社会体制比较》,2013年第1期,第1—11页。

20世纪70年代中期日本经济增长速度明显下降后,基础设施投资增速也随之下降,并未逆周期大量投资以拉动整体经济增长[①]。

当然,作为一个发展中大国,即使是与其他国家的类似发展阶段相比较,我国也仍有一些独特的国情特征。但是,很多国内的相关研究也认为在接下来的发展阶段我国应该控制基础设施的两个组成部分之一的经济性基础设施的投资量。主要的理由就是目前我国的经济性基础设施投资对经济增长的推动作用已越来越小,甚至对长期经济增长已经产生了抑制作用,而经济性基础设施投资又占用了大量经济资源。

(二)过量的经济性基础设施投资已不利于供给结构优化

一般认为,基础设施投资可以通过直接效应和间接效应两个方面有效促进经济增长。目前来看,我国的经济性基础设施投资虽然对短期经济增长有一定的拉动作用,但似乎已不能再显著促进长期经济增长,甚至在一定程度上已经抑制或阻碍了长期经济增长。近10年来最大规模的基础设施投资应该就是2008年后应对金融危机的"4万亿投资"中份额显著的用于铁路和公路等经济性基础设施项目上的投资了。在当时我国的"4万亿投资"计划中,即使是调整后的版本中,基础设施建设也依然高达38%[②]。相关研究普遍认为,包括大量基础设施投资在内的"4万亿投资"对当时的短期经济恢复确实有明显的积极作用,但长期效果并不佳,不但未能显著促进长期经济增长,甚至还降低了资源配置效率。例如一项对"4万亿

---

① 崔成、牛建国:《日本的基础设施建设及启示》,《中国经贸导刊》,2012年第8期,第26—28页。

② 梁斌、周晔馨:《基于DSGE模型的财政刺激政策效果分析——以"四万亿投资"为例》,《经济学报》,2017年第12期,第28—60页。

投资"的财政刺激效果的研究就认为,基础投资类政府支出虽然能在短期内较快增加实际产出,但这种积极效应并不能持久,而且对经济的长期增长也不利[1]。在"4万亿投资"之后,我国政府又进行过几次力度相对较小的"微刺激"投资行为,其中也包含多项经济性基础设施投资项目,但其积极效应也主要局限在短期。

那么为什么会出现这种后果呢?主要有以下几方面的原因:一是随着投资量的增加,包括经济性基础设施投资在内的我国多个领域投资的边际报酬都已经开始降低。例如有研究就指出,近些年来我国的资本边际收益已出现递减趋势。我国的资本效率（Y/K,即GDP与当年投资之比）在1985—2007年期间尚为0.52,而到2008—2015年期间则下降为0.34[2]。二是过量的政府经济性基础设施投资对私人投资产生了明显的挤出效应。例如有研究就指出,"4万亿投资"在短期内会对私人投资产生挤出效应,从而使经济出现结构恶化特征,而后期的一次微调降低了基础资本的投资比例,结果就在一定程度上减轻了对私人部门的挤出效应[3]。三是短时间内的大量政府经济性基础设施投资导致了不当的政府强干预效应,这使得本就不完善的市场经济制度受到了一定程度的扭曲,降低了企业投资效率,在一定程度上破坏了经济发展的潜力,加大了长期经济风险。有研究就指出,政府在短期内的大规模投资除了可能会形成

---

[1] 梁斌、周晔馨:《基于DSGE模型的财政刺激政策效果分析——以"四万亿投资"为例》,《经济学报》,2017年第12期,第28—60页。

[2] 楠玉、袁富华、张平:《论当前我国全要素生产率的提升路径》,《上海经济研究》,2017年第3期,第65—70页。

[3] 梁斌、周晔馨:《基于DSGE模型的财政刺激政策效果分析——以"四万亿投资"为例》,《经济学报》,2017年第12期,第28—60页。

对私人投资的挤占，也可能导致经济的独立性变差和市场的进一步扭曲[①]。另一项研究也指出，政府的"4万亿投资"行为导致了企业投资效率的下降，而且这种负面效应在刺激政策实施期间政府补贴增加的企业和银行贷款增加的企业中都表现得更加明显[②]。

总体来看，经过多年的大量政府投资，目前我国的经济性基础设施存量规模已经不小，虽然仍不能完全满足国民经济发展的需要，但对经济增长的拉动作用已明显减弱，对长期经济增长甚至已经产生了阻碍作用，削弱了增长潜力，恶化了供给结构。所以下一阶段需要有效控制经济性基础设施的投资量，这有助于长期经济增长和优化供给结构。

当然，虽然总体来看我国经济性基础设施投资已不宜大规模增加，但这并不意味着各方面、各区域的经济性基础设施都不存在明显短缺，而社会性基础设施投资更是需要普遍增加。基础设施投资内部结构比较复杂，与我国各区域不同经济发展阶段的匹配程度也存在着明显差异。根据相关国际经验，一些方面的基础设施投资既能拉动短期需求，又能促进经济结构优化和长期经济增长，从而有助于化解前述的基础设施投资困境和促进双循环的畅通以及高质量发展。

二、加强短缺种类的基础设施供给能力

其实，即使是在我国基础设施条件相对较好的较发达地区，也

[①] 吴立军、曾繁华：《后危机时代中国经济增长的稳态路径研究——基于四万亿投资冲击下的偏离与均衡》，《当代财经》，2012年第1期，第15—24页。

[②] 黄海杰、吕长江、Edward Lee：《"4万亿投资"政策对企业投资效率的影响》，《会计研究》，2016年第2期，第51—58页。

仍有一些种类的基础设施明显供给不足，例如地下基础设施和高铁等。有研究指出，目前我国多数城市的地下基础设施建设仍旧比较滞后，城市地下综合管廊"短板"问题非常突出，全国只有上海、广州、深圳和珠海等少数城市建成了少量地下综合管廊。所以这方面基础设施建设的潜力也是比较大的，据时任住房和城乡建设部部长陈政高的估计，以全国每年建设 8000 公里管廊，每公里管廊造价 1.2 亿元来估算，这一项建设每年就将带动 1 万亿左右的投资规模。同时，像高铁和地铁等相对比较先进的基础设施在有些区域是供给不足的，即使在相对发达的省份也是如此。另外，一些传统的基础设施在有些地区存在着一定量的供给不足，一些有利于环保的新能源基础设施更是需要大力发展。还有，新型基础设施在有些地区尚显不足，而加大新型基础设施投资可有效促进经济高质量发展[①]。这些短缺种类的基础设施在全国范围内都可以结合各地区的经济和产业结构发展要求积极投资建设。

三、加大社会性基础设施投资

相对于经济性基础设施而言，目前我国在社会性基础设施方面的投资还是明显不足的，通常所说的基础设施投资过量一般都是针对经济性基础设施而言的。而在我国目前的发展阶段，社会性基础设施投资对供给结构优化而言一般都是具有明显的积极作用的。例如有研究在分析了前述"4 万亿投资"的效果后就发现，向民生和科技创新等社会性基础设施领域倾斜投资可以促进经济增长方式的

---

① 范合君、吴婷：《新型数字基础设施、数字化能力与全要素生产率》，《经济与管理研究》，2022 年第 1 期，第 3—22 页。

转变和社会结构的调整①。同时，向社会性基础设施投资也可促进居民消费和私人投资，从而拉动短期需求。

而且，社会性基础设施投资的不足又容易导致其与经济性基础设施投资过量之间的恶性因果循环效应。有一种观点就认为，在我国经济的下行时期，经济性基础设施的大量投资容易出现的一个主要原因就是社会性基础设施建设的相对滞后。在过去的一段时期中，我国政府将大部分的人财物力都用在了经济建设中，导致社会建设相对滞后和社会架构比较脆弱，进而导致明显的高增长依赖症。由于经济自主增长动力较弱，高增长依赖症就很容易导致政府在经济性基础设施等方面的大量投资②。而经济性基础设施的大量投资又反过来会挤占或抑制社会性基础设施和其他领域的投资，从而导致恶性循环。

为了促进供给结构的优化调整和拉动需求，在未来一段时期地方政府的基础设施投资重点需要从经济性基础设施向社会性基础设施上转移。但地方政府重经济性基础设施而轻社会性基础设施的现象是目前投资激励体制扭曲的一个结果，所以这种转移需要对目前的财政分权和政治锦标赛制度做出相应的调整，从而有效改变地方政府的基础设施投资激励。其实，不仅是将投资从经济性基础设施向社会性基础设施转移需要改变目前的政府基础设施投资激励，几乎本书所分析的所有基础设施投资调整都需要这种投资激励的有效改变。

---

① 吴立军、曾繁华：《后危机时代中国经济增长的稳态路径研究——基于四万亿投资冲击下的偏离与均衡》，《当代财经》，2012年第1期，第15—24页。

② 陈彦斌、陈小亮：《中国经济"微刺激"效果及其趋势评估》，《改革》，2014年第7期，第5—14页。

第三节 基础设施投资主体的调整

因为自身的产业特性，基础设施产业的产出通常是其他很多产业成本的重要组成部分之一，所以基础设施产业的发展可以通过降成本的方式促进其他很多相关产业的发展。但本部分要谈的并不是这方面的内容，而是降低基础设施产业本身的供给成本问题。

目前我国基础设施领域的投资主体还主要是各级政府部门。有研究者通过对2009—2013年的政策模拟发现政府投资在短期内对经济增长和通货膨胀都有很大的促进作用，但长期的带动作用逐年减弱，拉动就业和消费的能力也有限。要保持其对经济增长的持续的正效应就需要政府投资有一个持续有效的增长幅度[1]。而未来一段时期，在"减税"和一部分财政支出"刚性"的"财政新常态"背景下，政府在基础设施领域的投资很难有大规模扩张。而且，政府在基础设施方面的投资效率也备受质疑，这就使得政府应该更多地引导和支持社会资本逐渐成为基础设施投资的主要力量。目前在我国基础设施投资领域，民营资本的投入仍有待大幅度增加。而且近年来受经济形势影响，我国民间固定资本投资总体来看增速放缓（见表6-1），所以更需要采取多种措施来有效促进。政府在基础设施领域的大量投资除了预算软约束等原因导致的投资效率较低以外，还有一个经常被人们提及的负面影响，就是可能对私人资本产生挤出

---

[1] 徐淑丹：《新常态下中国政府投资结构之研判：兼论财政政策的效力与可持续性》，《经济评论》，2016年第1期，第39—52页。

效应。基础设施投资在促进经济增长的同时也可能会挤占其他类型的投资,所以过量的基础设施投资会抑制经济的长期发展。

表6-1 2012—2020我国民间固定资本投资

年 份	民间固定资产投资（亿元）	比上年增长（%）	占固定资产投资（不含农户）比重（%）
2012	153698		56.5
2013	184662	20.1	57.9
2014	213811	15.8	58.9
2015	232644	8.8	58.8
2016	239137	2.8	56.3
2017	251650	5.2	55.7
2018	273543	8.7	57.2
2019	286400	4.7	56.8
2020	289264	1.0	55.7

数据来源:《中国统计年鉴2021》

实际上一些基础设施领域被认为是相对比较容易引入社会资本投资的,而且近年来各级政府部门也在以多种形式推动社会资本进入基础设施领域投资。例如2016年3月,国务院副总理张高丽在一次讲话中曾强调说,在农村电网改造过程中要坚持企业为主、政府支持的原则,探索引入社会资本参与农村电网的建设改造工作。但总体来看,社会资本在我国基础设施投资总额中所占的比重依然明显偏低。要提高这一比重,首先要通过加深市场化改革来促进市场的发育。有研究显示,基础设施的市场供给规模对制度创新因素(市场分配资源状况等)非常敏感,非国有经济投资于基础设施的规模在很大程度上取决于各地区的市场发育状况,市场发育充分的地区，市场分配资源的比重高，非国有经济投资于基础设施的规模也就比较大①。英国的有关例子也能帮助说明这一点。20 世纪 70 年代以前，英国的城市基础设施主要采取政府投资运营的模式，政府财政负担较重，城市基础设施建设资金严重短缺。其后的市场化改革不仅显著地缓解了英国政府的财政压力，也提高了城市基础设施的投资经营效率，推动英国成为欧洲地区基础设施成本最为低廉和服务最为完善的地区之一②。但需要注意的是，基础设施产业中的一部分具有自然垄断性质，这类产业比较特殊，其市场发育成熟的一个重要标志是市场规制制度的完善，而且这往往是这类产业市场成熟的首要标志。所以，自然垄断类基础设施产业市场化的首要任务就是建立起规范、高效的规制制度。另外，融资的困难也是民营资本进入基础设施投资领域的一大障碍。

当然，受多种因素限制，短期之内民营资本还很难大规模进入我国基础设施产业，所以目前这类产业国有资本还要发挥主要作用，但需要通过多种途径提高国有资本的投资效率。同时，基础设施产业竞争程度和规制能力的提高还可以通过提高产品（服务）质量和增加产品（服务）数量来促进社会消费和降低垄断产业的高收入等，而这些也都是我国经济双循环的要求。

---

① 樊丽明、石绍宾：《技术进步、制度创新与公共品市场供给——以中国基础设施发展为例》，《财政研究》，2006 年第 2 期，第 5—7 页。

② 连太平：《财政政策有效支持供给侧改革的问题研究》，《西南金融》，2016 年第 6 期，第 68—71 页。

第四节 降低垄断性基础设施产业的不合理收入

构建双循环新发展格局的核心在于双循环的畅通问题。目前我国国民经济在生产、交换、分配、消费各个环节都存在着一些堵点，显著影响着双循环的畅通程度。从分配领域来看，多年来我国的居民收入差距一直较大，虽然近些年来有所减小，但仍处于明显偏大的状态（见表6-2）。行业收入差距是居民收入差距的一个重要组成部分，而很多垄断性基础设施产业近些年来一直保持着偏高的收入，这也是导致我国行业收入差距偏大的一个重要因素。

表6-2 2014—2020年我国居民按收入五等份分组的人均可支配收入

（单位：元）

组 别	2014	2015	2016	2017	2018	2019	2020
20%低收入组家庭人均可支配收入	4747.3	5221.2	5528.7	5958.4	6440.5	7380.4	7868.8
20%中间偏下收入组家庭人均可支配收入	10887.4	11894.0	12898.9	13842.8	14360.5	15777.0	16442.7
20%中间收入组家庭人均可支配收入	17631.0	19320.1	20924.4	22495.3	23188.9	25034.7	26248.9
20%中间偏上收入组家庭人均可支配收入	26937.4	29437.6	31990.4	34546.8	36471.4	39230.5	41171.7
20%高收入组家庭人均可支配收入	50968.0	54543.5	59259.5	64934.0	70639.5	76400.7	80293.8

数据来源：《中国统计年鉴2021》

十八届三中全会提出了要让市场在资源配置中起决定性作用。按照这一要求，我国垄断性基础设施产业的市场化改革仍需大力推进。实际上，我国垄断性基础设施产业偏高收入中不合理的部分之所以能长期存在，主要就源于这类产业市场化程度不足，所以这类产业市场化的加深将有利于降低其行业收入中不合理的部分。具体来说，应从以下几个方面加深市场化：

一、以促进市场竞争为途径

如上所述，目前我国垄断性基础设施产业偏高收入得以维持的主要原因之一就是相关市场竞争的不足，而这种市场竞争的不足又主要是由政府对相关产业的市场准入规制造成的。一般来说，对那些关系国家经济命脉的产业或自然垄断性基础设施产业进行市场准入规制是必要的，特别是在这类产业还未发展成熟的情况下。西方发达国家这类产业在其发展到成熟之前的相当长的时期之内，普遍受到过政府相关部门的市场准入规制。但随着这类产业的逐步趋于成熟、市场经济体制的逐步完善和政府调控能力的逐步增强，政府对其的市场准入规制一般会逐步放松。市场准入规制的放松会导致产业竞争的加剧进而改善产业绩效，包括降低其产业收入中不合理的部分。

有关研究还显示，市场竞争的加剧不仅可以降低垄断性基础设施产业收入中不合理的部分，而且还可以提高其收入中合理的部分，这都有助于促进产业收入差距的合理化。例如有研究就显示，对于私营企业而言，在控制企业规模与资本密集度的前提下，产业垄断不仅不会提高企业工资收入，而且还表现出了降低企业工资收入的倾向，或者可以说，产品市场的竞争有提高企业工资水平的倾向①。这里通过市场竞争来提高的收入就属于合理的收入，是市场竞争加剧迫使企业提高效率的结果，与通过垄断获取的不合理收入是不同的。

当然，在目前的发展阶段，我国市场经济还不够完善，政府规制能力还明显偏低，大部分垄断性基础设施产业也尚未发展成熟，我们还需要在一些产业的一些业务领域保持国有经济的垄断地位，但目前已有一些产业或产业的某些业务领域可以通过放松市场准入规制来打破国有经济的垄断以促进产业竞争。这就需要先对国有企业进行分类，最简单的分法是分为公益性、半公益性和竞争性三类。对于竞争性国有企业所在的产业，政府要通过放松规制促进产业竞争达到一个比较充分的程度。对于公益性或半公益性国有企业所在的产业，政府也要根据产业技术、经济发展的阶段特征逐步放松市场准入规制，特别是对于那些可竞争性比较强的业务领域。即使是那些国有资本仍需要垄断性控制的产业或业务领域，也要借鉴国际经验，使用标尺竞争等多种手段促进产业内的竞争。当年民营化后的日本铁路产业仍具有明显的区域垄断的性质，为了促进产业竞争，政府使用了区域间标尺竞争下的价格上限规制方式，通过横向比较和纵向比较引入竞争机制，从而有效降低了铁路票价②。另外，政府规制机构还可以依据鲍莫尔等人提出的可竞争市场理论，通过降低进入壁垒等方式对在位垄断企业加强潜在竞争的压力，从而迫使其

---

① 叶林祥、李实、罗楚亮:《行业垄断、所有制与企业工资收入差距——基于第一次全国经济普查企业数据的实证研究》,《管理世界》,2011 年第 4 期,第 26—36 页。

② 王惠贤、李宏舟:《民营化改革后铁路行业的价格规制及线路维持——以日本为例》,《财经论丛》,2014 年第 1 期,第 91—96 页。

不能维持偏高收入和低效率。

二、以适度民营化为途径

放松市场准入规制是加深垄断性基础设施产业市场化和促进竞争的主要手段，但单纯地放松规制却不能解决促进竞争的所有问题，在短期来看更是如此。在垄断性基础设施产业放松规制初期，民营资本因为积累不足等原因通常没有很强的进入能力。而出于国家经济安全等方面的考虑，大部分国家在放松垄断性基础设施产业市场准入规制后的相当长一段时间内都限制外资的进入，包括像日本那样的发达国家也是如此。所以在国有垄断的情况下放松规制后，如果没有其他配套手段，至少在短期内，原来靠行政垄断已经达到相当规模的国有垄断企业仍可以凭借规模等优势形成经济垄断，继续维持垄断地位和偏高收入。在这种情况下促进市场竞争的一般性举措还是从原国有垄断企业入手，主要包括对原国有垄断企业进行分拆（包括按照业务领域和地域进行分拆等）和对原国有垄断企业进行民营化改制以及组建新的国有企业与原垄断企业进行竞争等。分拆原国有垄断企业（如我国对原中国电信的分拆）和组建新的参与竞争的国有企业（如中国联通的组建）等虽然可以在短期内比较快速地促进竞争，但所形成的竞争仍然是国有企业间的竞争，这种竞争的力度通常被认为是不足的。

当然，民营化也不必然会带来竞争程度的增加和垄断性基础设施产业不合理收入的降低。一些研究认为，在垄断性基础设施产业民营化之前，应该先通过分拆或扶植新的竞争者等方式形成一个基本的竞争性市场结构。也有的研究认为，在民营化之前或民营化同时完善规制能力是必不可少的措施。

三、以完善国有企业公司治理结构为前提

垄断性基础设施产业一般属于关系国计民生的重要产业，所以很多国家在放松规制和民营化改革后仍会在这类产业保留一些比较强大的国有企业。但是在这种情况下，在市场竞争和控制企业不合理的偏高收入方面仍可达到一个比较理想的状况，不过前提是要实现政企分开和国有企业公司治理结构的完善。如果政企不能实质性分开，就很难避免政府有关部门对国有企业的保护，也就无法形成公平竞争的环境。在国有企业公司治理结构不够完善的情况下，国有企业的竞争力必然不足，在这种情况下，也很难避免政府对国有企业的庇护，形成充分竞争的市场环境。

政企分开的核心是政资分开，政府代表国家所享有的国有资产出资人的职能要与一般性的宏观管理职能分开。对因为技术经济原因而需要受到政府规制、监管的垄断性基础设施产业而言，政企分开还意味着政监分开，即政府的一般性宏观管理职能与政府对产业的监管职能分开。当然，对于垄断性基础设施产业而言，政企分开更意味着政府作为国有资产出资人的职能与政府对产业的监管职能分开。这几方面的分离意味着国有企业将与其他企业一样公平地在同一个市场中进行竞争，政府宏观管理部门不能直接干预市场竞争，不能对国有企业进行各种方式的保护，也不能要求国有企业承担一些社会职能或宏观调控的职能。如果确实需要国有企业辅助政府承担一些社会职能或宏观调控的职能而使国有企业受到损失的话，则应给予相应的经济补偿。政府的产业监管部门更要一视同仁地对待国有企业和非国有企业，不能对国有企业进行偏袒和保护，特别是当产业基本竞争结构形成以后。公司治理结构的完善是现代市场经

济条件下企业具有较强市场竞争力的前提条件。虽然公司制改革已进行了多年，但目前我国垄断性基础设施产业国有企业的公司治理结构还远未完善，这和上述的政企不分有直接关系，也和垄断性基础设施产业的不合理收入有密切关系。

提到国有企业在垄断性基础设施产业的成功案例，人们会想到新加坡淡马锡。一般认为，新加坡政府对待淡马锡时便基本上实现了政企分开。政府对淡马锡仅仅有效地行使出资人的权利，并未利用公共权力去干预淡马锡的市场经营，即使出于公共利益的考虑而要求淡马锡承担一些非商业职能时，也能按照市场公平交易的原则给以相应的经济补偿。这使得淡马锡能够基本坚持商业化经营理念，像其他市场竞争主体一样以利润最大化为经营目标。当然，淡马锡作为国有企业能够在没有强大的政府保护的情况下在市场上具有较强的竞争力，还因为淡马锡本身具有比较高效的公司治理结构。淡马锡管理层的效率与其受到的有效监督密切相关，这种有效监督既来自内部，也来自外部，内部监督来源于严格的制度安排，外部监督来源于政府部门的多方面监管和有力的舆论监督等。

对垄断性基础设施产业而言，政企分开也并不意味着政府对企业的微观行为完全不干预，即使是在企业公司治理结构完善的情况下。事实上，即使在市场经济成熟的西方发达国家，政府也会对一些垄断企业的微观行为，如定价行为等进行直接的干预，这就是政府规制。上述的产业准入规制也是政府规制的一种。目前我国政府对垄断性基础设施产业的干预不当不仅表现为对企业一些行为的过多干预，也表现为对企业某些行为的规制不足。政府规制中的价格规制状况直接决定了垄断性基础设施产业的收入水平，而且政府规制质量和反垄断机构一起直接决定了市场竞争的程度及民营化的效果。因此要改善我国垄断性基础设施产业的收入分配状况，政府规制水平的提高是首先要解决的问题。

当然，上述放松市场准入等措施即使真正实施了，也需要一个比较长的时期才能把垄断性基础设施产业的偏高收入降低到一个理想的水平。所以在短期内还需要采取一些见效较快的措施，这类措施中最主要的就是根据具体情况适度提高国有垄断企业的利润上缴比例并严格控制返还率。

第五节　保持基础设施产业国有经济的控制力

一、我国基础设施产业的国有经济控制问题

时至今日，多年的中国经济体制改革已经取得了举世瞩目的巨大成就。但毫无疑问，这一改革还未最终完成。在尚需进一步深化的改革项目中，垄断产业的改革尤为引人注目，有人甚至把它称为我国经济体制改革的"最后一块坚冰"。目前我国垄断产业的一个重要组成部分就是基础设施产业。市场经济的核心机制是竞争机制，所以近年来我国政府也一再强调要在垄断产业，包括基础设施产业进一步引入竞争机制以打破或削弱垄断。2006年12月18日国务院国资委首次明确军工、电网电力、石油石化、电信、煤炭、民航、航运等七大产业将由国有经济控制。这一事件被列为国务院国资委研究中心与《国企》杂志编辑部联合评选出的2006年国有经济十大事件之一，引起了社会的广泛关注。这七大产业中的电网电力和电信产业就属于典型的基础设施型产业，且一直由国有经济垄断控制。那么，在目前和今后一段时间，在这类基础设施产业中有必要保持

国有经济的绝对控制吗？其理由充分吗？本书将在学术界已有相关研究的基础之上做进一步的系统分析。

限于篇幅，本书仅以上述两个基础设施产业之一的电信业为例来考察目前国有经济在我国基础设施产业的垄断问题。这里之所以选择以电信业为例来分析我国基础设施产业的垄断问题，是因为与电力产业相比，电信产业的技术进步与市场需求变化往往更快，更具有可竞争性，因而国有经济也更有可能放弃其控制。事实上，电信产业也确实是我国较早尝试引入竞争机制的垄断性基础设施产业。

到目前为止，我国电信业仍由国有经济控制，几大电信企业均为国有资本控股的国有企业。根据上述国资委的部署，在今后相当长的一段时间内，国有资本还要在电信业保持绝对的控制力。那么，在电信业这种产业中，国有经济有必要保持绝对的控制力吗？曾有研究者表示过质疑。本书的分析显示，现阶段我国国有经济在电信业保持绝对的控制既有比较充分的理论依据，又有比较充足的国外相关经验参照。

电信和电力等基础设施产业都具有较强的垄断性质，特别是其基础网络部分在目前的技术条件下仍具有显著的自然垄断性质。这就使得国有经济放弃控制权后的这些产业很可能会被国内私有资本或国外资本垄断性控制。而这种结果对社会福利的增进而言也许是更糟糕的。而且，在私有资本或国外资本垄断的情况下，不仅要保证垄断企业不能显著地损害消费者和竞争对手的利益，在有些情况下还要保证政府部门未来对在这些产业投资的私有或国外资本不进行侵蚀，否则可能会导致这些产业投资（特别是长期投资）的不足。要保证这两点，至少需要有有效的规制体系和基本合理的市场竞争格局。而这两个条件在目前我国的电信等一些基础设施产业尚不真正具备。

二、我国基础设施产业保持国有经济控制的原因

(一) 有效规制方面的原因

1. 基础设施产业的产业特征与政府规制

我们认为,电信和电力等基础设施产业的一些重要产业特性决定了政府必然要对其进行显著干预,特别是以规制（这里指狭义的规制）这种在其他产业很少见的微观干预行为进行干预。

首先,基础设施产业产品（或提供的服务）的生活必需品性质和对整个国民生产而言的基础设施性质使得基础设施产业产出（或提供的服务）的价格和质量与广大民众和企业的利益密切相关,并使得不受约束的基础设施产业有可能利用其垄断优势损害广大消费者和企业的利益。因此社会民众和企业有激励关注并试图约束基础设施产业经营者的有关行为,以便保护自身利益。而政府组织正是目前代表多方利益且具有一定强制力的政治组织,所以社会民众和企业自然会试图通过政府组织来干预基础设施产业经营者的有关行为来保护自身利益。

同时,基础设施产业的自然垄断性（由其规模经济性和范围经济性等决定）和资金密集型等特征也使得政府组织不愿看到在这类产业中出现过度竞争等导致社会资源浪费的现象,在国有资本占这些产业资本总额主要部分的情况下就更是如此。这也引致了政府对这类产业的关注和干预。

而且,基础设施产业在整个国民经济中的基础性或先导性地位以及其产出在 GDP 中所占的显著份额也使得关心宏观经济状况的政府组织（特别是发展中国家的政府组织）必然试图干预其发展。

另外，基础设施产业产品（或提供的服务）的生活必需品性质也使得政府容易通过对它的干预达到一定的调节社会组织之间利益的目的。例如，有些学者就认为，经过不断的演化，电信业中的普遍服务概念从本质上讲已演变为一种财政职能，其主要作用已经从校正网络外部性变成了改善收入不平衡状况。

对一般的产业，政府即使进行干预也一般使用宏观手段间接地进行干预。但对基础设施产业而言，因其具有上述的各种特性，这种间接性的宏观干预一般是不足以达到政府目的的，所以政府通常对这类产业进行更直接的微观干预，即狭义上的规制。

2. 我国目前尚不能对私有经济控制的基础设施产业实施有效规制

电信和电力及其他很多基础设施产业都属于资本技术密集型的垄断产业，整个产业很可能会被由某一种经济成分所控制的垄断企业所主导，在其合理的市场竞争格局尚未形成之前（我国的电信和电力产业目前就处于这种阶段）就更是如此。所以如果我国现在放弃对电信和电力产业的国有经济控制，这两个产业很可能会被国内私有资本或国外资本所垄断。国内私有资本或国外资本垄断下的电信或电力产业就更需要有效的规制。电信和电力等基础设施产业通常需要在固定资产方面进行巨额投资，而私有资本在这方面所投固定资本的资产专用性可能会导致规制机构的机会主义。同时，规制机构的有限理性（其获得的企业相关信息是不完全的或者获取相关信息的成本很高）也会导致企业的机会主义行为。规制制度的设计必须有效处理这两种机会主义，而这需要一系列较成熟的相关制度。

各个国家制度（主要包括立法制度、行政制度、司法制度、行为规范和管理规章等）禀赋和规制机构成熟程度的不同将导致其规制机构对这两种机会主义的约束能力的差异以及以此为基础的受规制的私有制的可行性。在 20 世纪八九十年代的那场世界范围内的基础设施产业大规模私有化（即降低国有经济的比重）运动中，英国是一个典范国家。虽然英国不是最早进行大规模私有化的国家，但是它似乎是 OECD 国家中私有化最领先和最普及的国家。到 1999 年，除了邮政服务（皇家邮政），几乎所有的公有企业都被私有化了。但与我国或其他很多发展中国家相比，英国具备较好的相关制度基础。尽管如此，私有化后英国政府对基础设施产业的规制仍不是很成功的（其主要原因这里先不阐述）。相比之下，美国则是对基础设施产业规制较成功的国家。

在美国的基础设施产业中，规制合同之所以能够得以有效维持，也是因为拥有较好的相关制度基础。在美国，司法部门与政府的立法和行政部门实现了比较有效的分离，司法的独立性很强。同时，美国也具有较完善的行政诉讼程序，并可随时不断修改行政诉讼程序和规制判例法。因此，通过宪法和较完善的行政程序就可以有效地约束规制机构和垄断性基础设施企业的机会主义行为。很多西方国家并不具备像美国这样完善的行政诉讼程序，但一些国家可以通过进行特殊的规制立法来限制规制机构和企业的机会主义行为，例如智利就是一个这样的国家。但这种模式也有一个明显的缺点，那就是灵活性不足。对于电力规制来说，这可能不是问题，但对于技术进步很快的电信产业来说则会导致显著的风险。一般来说，有效规制所需的制度基础中最重要的是司法的充分独立。在一些西方国家，虽然法律是比较容易改变的，但其司法的独立性较强，所以也能对私有经济控制下的基础设施产业进行较好的规制。英国就是这样。在英国，议会拥有至高无上的权力，因此可以否决以前的立法，这样使得立法承诺的可信性很低。但是，在给企业颁发的许可证中包含了规制的主要内容，同时法院是独立的并能很好地维护合同，因此规制也可以是比较有效的。

总之，在基础设施产业实施私有制（即放弃国有经济的控制权）需要有效的相关制度条件。这些相关的制度条件主要包括独立的司法机构、完善的相关立法以及有效的行政诉讼程序等。而我国目前这些制度条件都还不够完善。表现在，司法机构的独立性还较差，东亚地区常见的行政强于司法的现象在我国普遍存在；相关的立法，如反垄断法和很多部门法（如电信法）都还不够完善；行政诉讼程序和其他很多反映民众或企业意愿的渠道（如各种听证会等）不够完善，实际发挥的作用尚不足。

一般来说，在不具备相关的制度条件因而不能对私有经济实施有效规制的情况下，基础设施产业的公有制就是必然的选择了。一些对基础设施产业颇有研究的西方学者已经明确地提出过这种看法。因此，在我国目前不能较好地约束私有垄断企业和规制机构的机会主义行为的情况下，由国有经济控制电信等一些基础设施产业是合理的或必然的选择。

（二）合理市场结构形成的需要

理论分析和实践经验都表明，要使电信和电力等基础设施产业的发展取得较好的绩效，仅靠有效的规制是不够的，还需要有基本合理的竞争性市场结构。产业组织理论认为，一个产业最佳绩效的主要标准之一就是有效竞争状态。我们认为，在开放经济的条件下，有效竞争意味着国内市场竞争效率与民族产业国际竞争力之间的最佳协调。而目前我国电信和电力等一些产业的国内市场竞争效率与国际竞争力都明显不足，主要原因就是国内市场竞争格局的不合理或低效。

在一国电信等基础设施产业发展的初期阶段，市场竞争格局通常是不够合理的，即使在美、英等发达国家也是如此。此时竞争性市场结构的形成一般要依靠政府的积极干预。在美国，电信业实质性竞争格局的最初形成也是靠对私人垄断企业 AT&T 的强制性行政分拆来达到的。不过，美国政府之所以能够比较有效地通过分拆现存私有垄断企业来促进合理竞争市场格局的形成，主要得益于其有利的制度基础，例如政企不分现象并不严重和具有较完善的反垄断法等。而其他国家一般不具备那样好的制度条件，所以政府要有效地促进由私人资本控制的电信等基础设施产业合理竞争格局的形成并不容易。但如果这类产业是由国有经济来控制的话，政府通过资本重组来促进合理的市场竞争格局更快形成就比较容易了。由此来看，在我国电信等一些基础设施产业基本竞争格局尚未形成之前，国有经济还有必要对其进行实质性的控制。当然，待基本的市场竞争格局形成以后，电信等基础设施产业的市场重组一般应以市场性重组为主，政府不应再对市场重组进行实质性的干预（即使在国有经济仍控制着这类产业的情况下也是如此），否则将不利于这些产业下一步的良性发展。

（三）抵御国外资本威胁的需要

上文提到过，如果目前我国国有经济放弃在电信和电力这类垄断性产业的控制权，那么这两个产业很可能会被国内私有资本或国外资本所控制。而在目前阶段，我国的国内私有资本无论在规模上还是在资本运营能力上都还较弱，尚无法有效控制电信和电力这种需要巨额投资的资本密集型产业。所以，一旦放弃国有经济的控制权，我国的电信和电力这种对国计民生意义重大的重要基础设施产业很有可能会被实力强大的国外资本所控制。那将给我国整体国民经济以后的发展带来显著的风险。

　　根据国际经验，在开放经济的条件下，一国的电信和电力产业是有可能受到国外资本的实质性威胁的。例如，曾盲目模仿美国（分拆）模式的巴西电信、印度电信等，虽然原有的垄断被打破了，但国家电信业最终也被外国公司所掌握[①]。再如，1990年垄断阿根廷电信业的国有企业 EnTel 公司完全私有化，形成了两个公司，但却分别为外国公司所控股。美国从未明确强调过要让国有经济控制其电信或电力产业，那是因为美国的私营资本十分强大，国外资本根本无法威胁到美国的这两个产业。但在其他国家就不同了。因此包括英国、法国、日本等西方经济强国在内的绝大多数国家在其电信和电力产业民族资本的竞争力尚不足的情况下，一般曾以立法或别的形式来保持过国有资本在这两个产业的控制力。其实，即使是在发达国家中，电信和电力产业（特别是电信产业）也是有可能受到强势国外资本威胁的。例如当年日本第三大电信运营商日本电信三分之二的股份曾属于英国 Vodafone 公司。可见国外资本已经在一定程度上威胁到了日本电信业。但国外资本尚无法实质性地威胁到日本电信业，主要原因就是由日本政府控股的日本第一大电信公司 NTT 集团仍以绝对的优势控制着日本电信业。我们发现，在电信业的开放过程中，绝大多数国家都在不同程度上限制外资的进入。虽然随着本国电信企业的逐渐壮大和外在压力的不断增强，各国电信业都在不断放松对外资的限制，但大多数国家却始终坚持一个放松

---

① 朱金周：《电信竞争力——理论与实践》，北京：北京邮电大学出版社，2006年版，第209页。

外资准入的底线，那就是本国电信业要由民族企业控制。对于中国这样一个社会主义大国而言，保证这一点就更有必要。

三、国企的良好绩效需以竞争和适度民营化为前提

国际经验表明，由国有资本主导的电信或电力市场可以是有效率的，而国有资本放弃控制权后的电信或电力市场未必就是有效率的。其实，即使是在较发达的国家，国有经济控制的电信业也可以是有效率的。例如，在新加坡，国有资本就长时间地控制着电信业，但新加坡电信业也取得了良好的经营绩效。再如，澳大利亚电信市场上的主导企业澳大利亚电信 Telstra 也是由政府控股的公营电信组织，而澳大利亚电信的各项主营业务在整个澳大利亚电信市场上的表现也较好。所以，由国有经济控制的我国电信等一些基础设施产业是可以取得较好的绩效的。当然，从国际比较来看，目前我国电信和电力等产业的绩效还是相对较差的，所以在保持国有经济控制力的前提下，还需要采取一系列措施来有效改善电信等产业的绩效状况。下面我们来谈一下可有效改善电信业绩效的两项措施。

首先来谈一下促进竞争问题。其实，因所有权和经营权分离而产生的所有者目标与经营者目标相背离的现象并不仅仅存在于国有企业中。然而在发达的市场经济中，有一系列条件使监督企业经营的信息成本和惩罚不合格经理人员的成本降低，从而使经营者总体上要按照所有者的意旨行事。这一系列条件可简单地归结为一句话，那就是竞争充分的市场环境。很多经验分析也支持上述观点。从我国电信业的市场格局来看，要进一步提高我国电信业的竞争程度，最主要的途径就是培育出数个实力相对均衡的全业务运营商。那样既可以提高我国电信业国内市场的竞争效率，又可提高我国电信企

业的国际竞争力。

另外，我们发现，对电信等一些基础设施产业的适度民营化可带来很多益处，甚至可以取得近似帕累托改进的效果。例如日本最大的电信企业 NTT 在适度民营化后各主要方面的绩效指标都明显改善，新加坡电信业的适度民营化也取得了较好的效果。所以，为了进一步改善我国电信等一些基础设施产业的绩效，有必要在保持国有经济控制力的前提下推进适度的民营化。

但在这两项措施的实施顺序上，促进竞争以形成基本合理的市场结构应先于民营化进行。在这方面，英国的相关改革为我们提供了一些经验教训。学术界普遍认为，英国对包括电信和电力产业在内的传统自然垄断产业的民营化改革虽然彻底但却不太成功。究其原因，就和这两项措施的实施顺序密切相关。俄罗斯等国家的一些相关经验也说明了这一点。另外，一些西方学者专门针对电信产业的比较分析也显示，已经进行了民营化改革但未引入竞争机制的电信市场，其效率一般不会有明显改善。但引入了竞争机制却未进行民营化改革的市场，其效率却有可能明显改善。

第六节　促进相关产业的全要素生产率提升和结构升级

一、有效提升相关产业的全要素生产率

我国高质量发展的特点之一就是从要素驱动和投资驱动向创新驱动转变，而基础设施投资与国民经济向创新驱动模式转变也有一定的关系。创新的表现形式有多种，这里我们仅以全要素生产率的

提高为例来说明。一项相关研究显示，数字基础设施建设有利于促进企业全要素生产率提升，具体地说，数字基础设施建设可通过替代部分人力资本投入、缓减融资约束和降低经营成本等促进企业全要素生产率提升[①]。以前也有多项相关研究得出了类似的结论。目前，至少对于全要素生产率相对较低的中西部地区来说，一些基础设施投资是可以起到积极的促进作用的。针对西部地区的一项实证研究就发现，丝绸之路经济带新疆沿线城市的交通基础设施的改善对地区全要素生产率具有溢出效应[②]。当然，中西部地区基础设施的投资要能真正推动当地全要素生产率的提高和产业结构的有效升级而且又不导致资源浪费，还需要根据当地的具体经济条件和发展规划，合理选择需要投资的基础设施种类、投资量和投资方式等。

从相关国际经验来看，与我国目前经济发展阶段比较类似的跨越"中等收入陷阱"阶段一国供给结构优化的主要标志之一，就是全要素生产率的持续提升。有研究发现，在中等收入阶段跨越"陷阱"的经济体其 TFP 的运动轨迹一般表现为持续上升或减速上升，而陷入"陷阱"的经济体则一般呈下降态势[③]。目前我国工业化进程已进入到后期阶段，迫切需要提高全要素生产率水平。而多年以来，我国经济的全要素生产率提升一直都不够理想，有研究甚至认

---

① 郭金花、郭檬楠、郭淑芬：《数字基础设施建设如何影响企业全要素生产率？——基于"宽带中国"战略的准自然实验》，《证券市场导报》，2021 年第 6 期，第 13—23 页。

② 霍旭领、敬莉：《交通基础设施对全要素生产率的溢出效应分析——以新疆为例》，《新疆大学学报（哲学·人文社会科学版）》，2014 年第 5 期，第 18—23 页。

③ 徐永慧、李月：《跨越中等收入陷阱中全要素生产率的作用及比较》，《世界经济研究》，2017 年第 2 期，第 88—98 页。

为 2004 至 2013 年间我国 30 个省市的全要素生产率并没有明显增长[1]。就我国的劳动生产率而言，近年来虽有所提高（见图 6-1），但在高质量发展的背景下仍需更大幅度地提高。

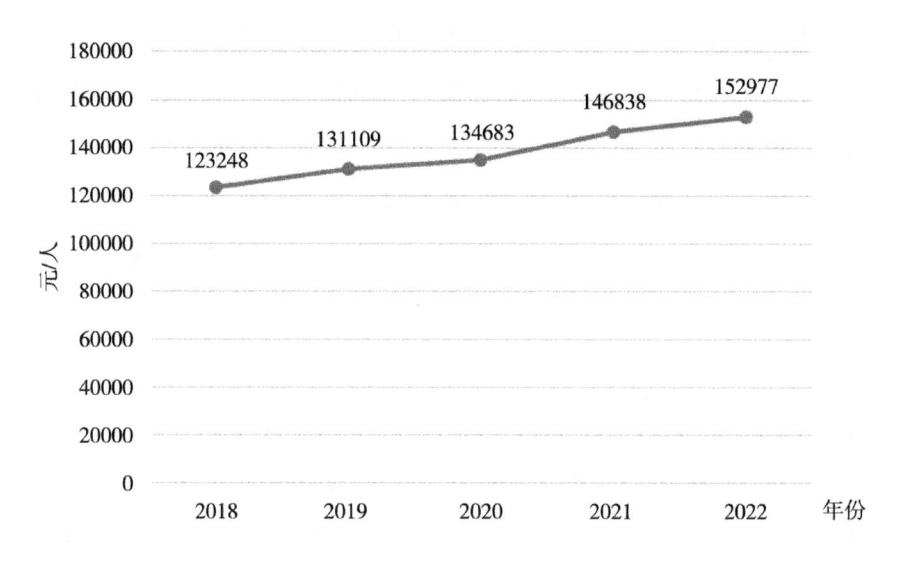

数据来源：《中华人民共和国 2022 年国民经济和社会发展统计公报》

图 6-1　2018—2022 年全员劳动生产率

提高全要素生产率需要多方面的努力，其中的一个重要方面就是适度的基础设施投资。基础设施投资主要可以通过提高交易效率和生产效率等途径提升全要素生产率。一般认为，Aschauer 较早分析了基础设施投资与全要素生产率变动的关系，认为交通等主要基础设施的供给对全要素生产率的提升有显著的促进作用[2]。自这一经典研究之后，大量研究也都认为在很多情况下基础设施投资可以促

---

[1] 罗良文、潘雅茹、陈峥：《基础设施投资与中国全要素生产率——基于自主研发和技术引进的视角》，《中南财经政法大学学报》，2016 年第 1 期，第 30—37 页。

[2] Aschauer D. A.，1989，"Is public expenditure productive?"，Journal of monetary economics, 23（2）：177-200.

进全要素生产率的提高。而从有关资料来看，近些年来我国的基础设施投资有时也对全要素生产率提升具有促进作用。例如有研究就认为2004—2013年间我国的基础设施投资对全要素生产率的提升有重要的促进作用，虽然因资金使用效率的低效而对自主研发有一定的挤出效应，但却对技术引进存在一定的挤入效应，而且，考虑到基础设施投资的作用后城镇化促进全要素生产率的积极作用会更加显著[1]。

当然，目前我国基础设施投资的弊端，例如投资效率低和挤出效应等会对全要素生产率提高有不利影响。但在通过控制投资量和改革投资决策机制等手段尽量减小基础设施投资弊端的前提下，基础设施投资还是能够促进我国全要素生产率提升的。鉴于在高质量发展阶段我国需要持续提升全要素生产率，目前我国能有效促进全要素生产率提高的基础设施投资尚需进一步增加。当然，因为区域经济发展阶段和基础设施存量的差异，各地区能够促进全要素生产率提高且符合成本收益原则的具体基础设施的种类和适度投资量可能有明显区别，这就需要根据各区域的具体经济发展情况来决定。

二、促进相关产业的结构升级

国民经济供给可以具体看作是各产业供给的总和，产业结构优化调整对长期经济增长和供给结构优化有重要意义，所以我国经济的高质量发展自然也离不开产业结构的优化调整。现阶段我国产业结构调整的一个主要要求就是第三产业在国民经济中占比的提高。

---

[1] 罗良文、潘雅茹、陈峥：《基础设施投资与中国全要素生产率——基于自主研发和技术引进的视角》，《中南财经政法大学学报》，2016年第1期，第30—37页。

有资料显示，1975—1995年间的日本和1990—2010年间的韩国有一个类似的经济特征，那就是两国多数核心城市的产业结构都发生了明显变化，第三产业在GDP中的占比明显增加[1]。有国内研究也指出，加大对第三产业的投资是未来我国优化投资结构的重要方向，这将有利于"调结构"和经济的长期持续发展[2]。但近几年来，我国三次产业间的比例变化并不太大（见图6-2）。当然，向高质量发展转向阶段的产业结构调整不仅仅是第三产业占比的提高，还包括三次产业内部的结构优化等。

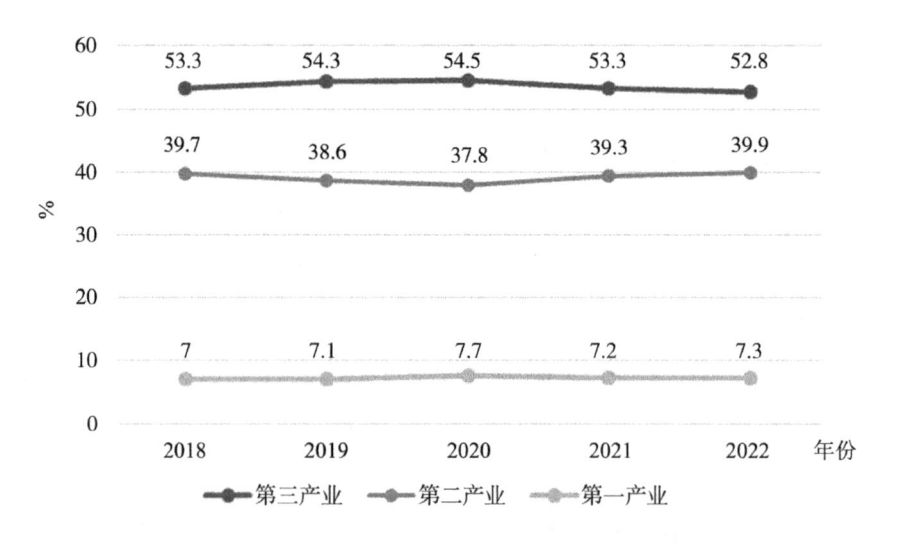

数据来源：《中华人民共和国2022年国民经济和社会发展统计公报》

图6-2　2018—2022年三次产业增加值占国内生产总值比重

而基础设施的发展通常对包括第三产业占比上升在内的产业结

---

[1] 许庆明、胡晨光、刘道学：《城市群人口集聚梯度与产业结构优化升级——中国长三角地区与日本、韩国的比较》，《中国人口科学》，2015年第1期，第29—37页。

[2] 苏治、李媛、徐淑丹：《"结构性"减速下的中国投资结构优化——基于4万亿投资效果的分析》，《财政研究》，2013年第1期，第43—47页。

构调整有重要的促进作用。例如有研究者通过对长三角城市群 16 个核心城市的城镇化过程进行研究后发现，城市群对基础设施的较大规模投资，有利于产业集聚和地区产业结构的转型升级[①]。另一项专门针对交通基础设施的研究也显示，交通基础设施建设对产业结构调整而言，无论是"量"的提升还是"质"的转换都具有明显的促进效应[②]。近期的一项研究也显示，新型基础设施投资对服务业产业结构升级具有正向影响作用；在作用机制方面，新型基础设施投资通过提升劳动效率和促进技术创新来推动服务业转型升级[③]。同时，适度的基础设施投资也能通过促进产业结构调整引致新的投资以及就业或消费等。

当然，基础设施投资与产业结构调整的关系也如同其与全要素生产率提升之间的关系一样，会因地因时而异，需要根据具体的区域经济和基础设施发展状况而调整基础设施的投资量和结构。

第七节 合理布局基础设施产业投资

一、加大农村等落后地区的基础设施投资

（一）加大落后地区的基础设施投资以促进区域均衡发展

在高质量发展阶段，区域均衡发展十分重要。可以说，如果没

[①] 吴福象、沈浩平：《新型城镇化、基础设施空间溢出与地区产业结构升级——基于长三角城市群 16 个核心城市的实证分析》，《财经科学》，2013 年第 7 期，第 89—98 页。

[②] 李慧玲、徐妍：《交通基础设施、产业结构与减贫效应研究——基于面板 VAR 模型》，《技术经济与管理研究》，2016 年第 8 期，第 25—30 页。

[③] 潘雅茹、顾亨达：《新型基础设施投资对服务业转型升级的影响》，《改革》，2022 年第 7 期，第 94—105 页。

有区域的均衡发展，高质量发展的"高质量"也就无法保证。有研究就指出，当经济体进入中高收入阶段后，如果随着收入水平的提高收入差距未能不断缩小，那么不仅自主创新会受到抑制，经济增长也会陷入停滞①。区域的均衡发展不仅是长期经济发展的必要条件，而且可以有效拉动经济落后地区的投资和消费需求。

众所周知，目前我国居民收入差距明显偏大，而导致偏大收入差距的主要因素之一就是过大的城乡收入差距。一些资料显示，基础设施投资正是缩小城乡收入差距等区域收入差距的一个重要工具。有实证结果显示，座机电话和自来水等农村基础设施的投资从总体上看对农村居民收入的增加和我国城乡收入差距的缩小有促进作用。而且，收入较低的群体可以从中获得相对更多的收益，所以农村基础设施还可以改善农村内部的收入不均等。另外，基础设施也是农村居民获取人力资本回报的必要条件，而且经验更丰富和教育水平更高的群体从这些基础设施中的获益也更多。所以目前仍需要进一步提升农村基础设施的数量和质量②。另外，基础设施投资通过促进消费来间接促进全要素生产率提高和经济增长的效应在农村等相对落后的地区一般也更为明显。就短期而言，因为农村和中西部地区的基础设施存量、投资水平、收入水平和消费水平都相对较低，发展潜力较大，所以通过基础设施投资来拉动相关产业投资和提高收入与消费水平的效果可能也更为明显。

目前，我国东、中、西部间区域经济发展的差距仍旧比较明显

---

① 程文、张建华：《收入水平、收入差距与自主创新——兼论"中等收入陷阱"的形成与跨越》，《经济研究》，2018年第4期，第47—62页。

② 张勋、万广华：《中国的农村基础设施促进了包容性增长吗？》，《经济研究》，2016年第10期，第82—96页。

（见表6-3）。适宜的基础设施投资可以促进区域经济的均衡发展。总体来看，我国基础设施的区域分布是不均衡的，所以从缩小区域差距的角度来看，可以适度支持中西部地区的基础设施建设。虽然也有异议，但大部分相关研究还是认为，目前我国中西部和农村等相对落后的地区仍需加大基础设施的投资力度。这种投资无论是从缩小地区收入差距还是促进国民经济增长的角度来看都是有意义的。近期的一项相关研究也显示：第一，"宽带中国"战略对城乡收入差距的影响系数显著为负值，即网络基础设施建设缩小了城乡收入差距。第二，网络基础设施建设显著缩小了中西部城市、南方城市、大中城市和传统基础设施水平较高城市的城乡收入差距，但对其他城市的城乡收入差距没有显著影响。第三，网络基础设施主要通过互联网用户规模效应和数字普惠金融效应传导机制缩小了城乡收入差距[1]。而缩小地区收入差距和使国民经济保持一个必要的经济发展速度也都是双循环的要求。很多研究都显示，在目前的发展阶段，基础设施的投资无论是对农村地区的经济发展还是对农村居民的收入增加或减贫都具有正向的积极作用。例如近期的一项研究显示，农村经济性基础设施的投入可以显著地促进农民各类收入增长，而农村社会性基础设施的投入也对农民工资性收入具有显著的正向作用[2]。

---

[1] 陈阳、王守峰、李勋来：《网络基础设施建设对城乡收入差距的影响研究——基于"宽带中国"战略的准自然实验》，《技术经济》，2022年第1期，第123—135页。

[2] 吴明娥：《中国农村基础设施投入促进农民增收了吗？——基于结构性、空间性和异质性的三维视角》，《经济问题探索》，2022年第8期，第37—56页。

表6-3　我国居民按东、中、西部及东北地区分组的人均可支配收入

单位：元

组　别	2014	2015	2016	2017	2018	2019	2020
东部地区	25954.0	28223.3	30654.7	33414.0	36298.2	39438.9	41239.7
中部地区	16867.7	18442.1	20006.2	21833.6	23798.3	26025.3	27152.4
西部地区	15376.1	16868.1	18406.8	20130.3	21935.8	23986.1	25416.0
东北地区	19604.4	21008.4	22351.5	29300.5	25543.2	27370.6	28266.2

数据来源：《中国统计年鉴2021》

虽然大部分研究都强调了相对落后的西部地区基础设施供给的不足，但实际上中部地区的一些基础设施供给也有待增加。例如有些研究就指出，与东部和西部相比，我国中部地区的基础设施投资对经济增长的弹性也是不小的。另外，即使是在东部比较发达的地区，相对比较落后的农村地区的一些基础设施的水平也有待提高。

当然，即使是在基础设施明显比较薄弱的农村或中西部地区，基础设施投资也不是越多越好。首先，不同于城市和东部发达地区，农村和中西部地区相对比较落后的经济发展水平本身对基础设施的量和结构就有相应较低的要求，过度超前发展的基础设施会造成一定的浪费。其次，农村和中西部地区较差的经济实力和较低的投资效率也使得过量的基础设施投资的成本过高而导致了整体资源配置效率的下降。

（二）以河北省为例的分析

供给侧结构性改革的重点不在于总量提升，而在于结构调整。就区域结构而言，目前河北省的基础设施投资应根据实际经济发展的需要向经济发展相对落后的地区，特别是农村地区倾斜。这类地区的经济发展水平较低，基础设施的水平往往相对更低。一份研究显示，水路和公路基础设施的普及程度对我国各省区的农业生产技

术效率的提升都有显著的推动作用①。近期的一项研究也显示，"宽带中国"示范城市建设带动的网络基础设施普及促进了农村居民人均收入的提升，且互联网基础设施建设对农村居民的增收效应在逐年增强。作用机制分析发现，互联网基础设施建设带动的创业型经济发展是推动农村居民增收的重要原因②。

目前河北省农村地区的经济发展水平相对不高。同时，河北省农村地区的基础设施水平也相对比较落后，这在一定程度上制约着农村地区的发展。所以在河北省农村等相对落后地区，需要根据当地经济发展的需要加大一些项目基础设施的投资量。其实，农村地区基础设施建设的问题一直受到各级政府部门的关注。当然，在农村等相对比较落后的地区，基础设施投资的量也不是越多越好。供给侧结构性改革强调要提供有效供给，也就是与经济发展需求相匹配的供给量，过量的供给是与供给侧结构性改革背道相驰的。例如有研究就发现，不同地区的农业基础设施对农村经济发展的作用有所不同，综合基础比较好的地区的农业基础设施对经济发展的促进作用要大于综合基础比较差的地区。所以在河北农村等落后地区发展基础设施时要根据当地经济发展和产业结构的需要掌握好适宜的度。

二、完善现有基础设施网络

很多基础设施产业都具有空间网络性特征，在建设的初期网络

---

① 李宗璋、李定安：《交通基础设施建设对农业技术效率影响的实证研究》，《中国科技论坛》，2012年第2期，第127—133页。

② 金晓彤、路越：《互联网基础设施建设与农村居民增收》，《当代经济管理》，2022年第1期，第44—52页。

通常不会太完善，这使得这类基础设施的价值在很大程度上不能充分发挥，也使得这类基础设施对经济增长的拉动作用显得不足。但随着网络的逐渐完善，其价值会有明显的提升，因此在现阶段网络型基础设施的投资应该更注重对已有网络的完善，这样投资效率更高，也更符合供给侧改革和高质量发展的要求。一般来说，一些网络型基础设施的初始投资可能是亏损的，但随着网络的完善，总投资会逐渐扭亏为盈。因此，即使是在基础设施条件相对较好的我国东部地区，完善基础设施网络，提高互联互通能力也是有必要的，这方面的投资量不一定大，但功效可能会更明显。

三、以区域协调为基础进行基础设施投资

这里以河北省为例。像国内其他省份一样，近年来河北省也需要在双循环和高质量发展的背景下继续大力推进供给侧结构性改革。从长远来看，这一改革必将优化河北省的供给结构，从而为长期稳定的经济增长提供坚实的基础。但在短期之内，因为钢铁等一些去产能的重点产业正是河北省的支柱产业或主要产业，所以供给侧结构性改革必将在一定程度上影响河北省的经济增长速度。那么，在高质量发展和供给侧结构性改革的背景下河北省如何保持一个必要的短期经济发展速度呢？

（一）供给侧结构性改革下的基础设施投资

供给侧结构性改革的"三去、一降、一补"基本上都有利于长期经济增长，但其中有利于短期经济增长的主要是降成本和补短板，而这二者中见效更快的则是补短板。补短板的内容比较多，其中的一项重要内容就是有效的基础设施投资。作为国民经济发展的基础性产业和资本密集型产业，基础设施产业的投资不仅有利于供给能

力的提高，也有利于短期投资需求的拉动。但是，在供给侧结构性改革的背景下，基础设施产业已经不能再沿袭以往的投资模式了，这类产业也需要在自身供给侧结构性改革的前提下进行有效投资。同时，由于基础设施产业一般具有明显的网络性或外溢性特征，所以河北省的基础设施发展和改革需要在京津冀协同发展的背景下进行。

(二) 京津冀协同发展背景下的河北省基础设施投资

不过，高质量发展和供给侧结构性改革的核心并不是量的扩张，而是质的提高，就河北省基础设施而言，并不是供给总量的简单扩张。而且按照供给侧结构性改革"去过剩产能"的原则，一部分传统的基础设施项目和一些区域的基础设施的发展还需根据经济发展的需要加以控制。同时，基础设施的供给方式也要改变传统的以政府部门为主的供给模式，逐渐加大社会资本参与基础设施供给的能力。总的来说，河北省基础设施的新增供给要按照京津冀协同发展和河北自身经济发展的共同需要提供有效供给，避免无效或低效供给。

1. 把基础设施投资与京津冀协同发展下河北产业结构升级调整紧密结合

目前有一个比较普遍的共识就是：产业结构升级调整是当前河北省经济发展无法回避的一个问题。而产业结构升级调整也正是高质量发展的重要内容之一。因为基础设施本身具有一定的先行性和基础性，所以一些基础设施投资虽然从短期来看可能显得过剩，但如果能促进长期的产业结构升级调整，那么便不算过剩。例如一项研究就显示，"宽带中国"战略对生产性服务业和高端服务业的发展都具有显著促进作用，能有效推动我国服务业结构升级。具体来说，

"宽带中国"战略能通过技术创新效应和人力资本高级化效应显著促进服务业结构升级。并且，持续推进的要素市场化改革能在提升技术创新效应和人力资本高级化效应的同时，间接增强数字基础设施对服务业结构升级的积极影响[①]。当然，并不是所有的基础设施投资都能促进产业结构升级调整，而且能够促进产业结构升级调整的基础设施投资也要控制在一定的度之内。身处京津冀协同发展的背景下，河北省的产业结构升级调整一方面要基于自身的比较优势，另一方面也要尽量与京、津的产业结构相协调，也就是尽量增强与京、津产业结构的互补性而减少与京、津产业的竞争性。在上述前提下规划好河北省产业结构的升级调整方向以后，就要进一步估定相应的基础设施项目发展的要求并进行相应的基础设施投资调整。

一些研究显示，区域产业结构的优化调整往往与区域内的基础设施水平有重要关系。区域产业结构优化调整往往是通过区域内产业的集聚和区域产业专业化程度的提高来实现的，而区域内和区域间基础设施的水平通常与经济要素和产业的集聚以及区域产业专业化程度密切相关。而目前京津冀内部产业结构升级调整基础之上的产业集聚效果与基础设施发展间的关系并不够理想。例如一项研究发现，交通基础设施在促进京津冀高技术产业的空间集聚方面的作用就并不明显[②]。所以，河北省目前也需要根据自身和京津冀整体相关产业的集聚和要素流动的要求来调整相应的基础设施投资。

河北省产业结构升级调整的一个重要途径是有效承接京津，特

[①] 袁航、夏杰长：《数字基础设施建设对中国服务业结构升级的影响研究》，《经济纵横》，2022 年第 6 期，第 85—95 页。

[②] 郭彦卿、杨峥：《京津冀基础设施建设、城镇层级体系与高技术产业集聚》，《产业经济评论》，2016 年第 3 期，第 25—34 页。

别是北京的产业转移。一般来说，合理的产业分工结构是区域间产业转移的基础。一项利用制造业平均集中率指数和 SP 指数等的研究显示，京、津、冀三省市的地区相对专业化指数逐年上升。这说明区域经济一体化促使京、津、冀之间实现了产业分工①。但总体来看，目前河北省对京、津对外转移产业的承接效果还远不够理想。区域内产业转移的承接环境可以看作是一种公共服务，大致可分为硬环境和软环境两类，硬环境主要包括基础设施、相关产业链和产业配套能力等。而相对于承接相关产业转移的需要而言，河北省目前的一些基础设施项目的质量仍有待提高。例如，有研究者就指出，比较而言，河北的基础设施较差，产业集群不足，产业配套能力也较弱，这使得河北省所拥有的劳动力成本优势在一定程度上被削弱，也使得企业的交易成本大幅上升，从而对京津产业的吸引力也随之下降②。所以，为了更好地承接京、津产业转移，河北省需要提高有关的基础设施项目的供给质量。

2. 根据经济发展需要重点完善现有的基础设施网络

在京津冀内部完善基础设施网络，提高互联互通能力是很有必要的，这方面的投资量不一定大，但功效可能会更明显。一些研究显示，扩大基础设施的覆盖面与增加存量相比更符合经济原则。所以，根据京津冀协同发展和河北自身经济发展的实际需要，对河北境内现有的部分基础设施网络进行完善是比较符合高质量发展的基本原则的。

---

① 孙久文、姚鹏：《京津冀产业空间转移、地区专业化与协同发展——基于新经济地理学的分析框架》，《南开学报（哲学社会科学版）》，2015 年第 1 期，第 81—89 页。

② 晁毓山：《国家高新区成区域创新体系核心载体》，《中国高新技术产业导报》，2014-04-17。

3. 在供给过程中加强京津冀三地的积极协商

与大多数产业不同，基础设施产业都具有明显的区域溢出性和网络性特征，这使得其供给效率与区域内不同部分间的协商合作密切相关。例如一项根据北京、天津、河北三地相关数据的研究显示，交通基础设施就对区域经济发展具有明显的溢出效应。这种溢出效应要求地方政府在制定交通基础设施投资策略时不能仅仅针对本地区，还必须从整个区域经济统筹发展的角度去考虑，区域内各地区间的溢出效应可以通过地区间的财政补贴等形式加以协调①。另一项相关研究也显示，新型基础设施建设对粤港澳大湾区经济发展有促进作用且表现出空间溢出性，能够推进经济一体化进程②。京津冀协同发展战略的提出为这种三地政府间的协商带来了难得的机遇。一般来说，在平等主体间的博弈中往往存在着个体理性与社会理性的矛盾。京、津、冀地方政府是三个相对独立的平等行政区，其协同发展中也会出现地方政府的个体理性与京津冀区域整体理性的矛盾问题。这种矛盾问题中的一部分只有中央政府这一更高一级政府部门才有可能解决。当然，在这种博弈过程中，地方政府间也需要在没有中央政府介入的情况下，通过加强对话协商等来促进彼此间的合作效率。

---

① 宗刚、崔华涛：《交通基础设施的溢出效应——以京津冀为样本的实证检验》，《物流技术》，2014 年第 6 期，第 150—153 页。

② 王文彬、廖恒：《新型基础设施如何影响粤港澳大湾区经济一体化发展——基于空间溢出效应的视角》，《财经科学》，2022 年第 8 期，第 93—105 页。

第七章 基础设施高质量投资的企业对策

第一节 完善基础设施投资企业公司治理结构

本节将以比较有代表性的电信业为例来分析通过完善公司治理结构来提高基础设施投资企业微观投资质量的问题。之所以选择电信业为例来分析，是因为电信业是经济性基础设施中比较有代表性的一个产业。这一产业的技术进步快，产业结构复杂，发展潜力大，近年备受重视的新型基础设施的主体部分实际上也属于电信行业。在企业公司治理结构改革方面，我国电信业也在整个基础设施产业中处于前列。

一、完善公司内部的激励和约束机制

董事会在公司治理结构中处于中心位置，因此需要有效完善董事会的结构，使董事会能合理、有效地行使其职能。在这方面，可以充分借鉴澳大利亚电信的经验。澳大利亚电信在从国有独资改为国有控股企业后，对公司治理结构进行了较大的改革，带来了较高的治理效率。其成功的部分经验在于：一是在董事组成上，12名董事中有11名独立董事，而且没有一个独立董事由政府官员担任；二

是在职权安排上,国家作为控股股东,仅在股东大会上行使权力,只"治理企业",不"管理企业"。另外,《亚洲地区公司治理白皮书》也提出了一些较好的建议。《亚洲地区公司治理白皮书》认为:"经合组织成员国在资产私有化过程中以及在部分私有化企业中担当股东角色方面都积累了相当的经验。在这一经验的基础上,人们发现了一些成功的关键因素:1. 仅从那些具有充分权威、充分经验和充分知识的人员中挑选股东代表、董事和高级管理人员;2. 确保这些股东代表、董事和高级管理人员远离政治压力;3. 为这些人员确定相关的评定标准,激发他们进行经营风险评估和承担适当的经营风险。""资产私有化和企业私有化的具体程度,当然应该由各国自主决定,但只要国家允许私人在企业或公司中投资,国家的公司治理框架就应该保护这些私人的权利和公平待遇。"

在我国国有资本控股的电信企业中,也应充分发挥董事会在公司治理中的核心作用。首先,在董事会的构成上,要改变一贯的由公司内部经营者控制的局面,吸纳足够的外部人员。外部成员主要应由政府相关部门面向社会公开招聘有相关能力的人才,并由股东大会认可来加入。且来自内部的董事在数量上不宜超过半数。同时,还要明确董事会的法律责任,赋予股东对董事会失职的诉讼权力。例如,对于未能尽职的董事,应通过修订和完善相关法规,赋予股东弹劾罢免董事的权利。另外,要确保由董事会按照《公司法》等规定,行使聘任或解聘公司经理的权力,使董事会能够对经理层形成硬性约束。在董事会中还应设立审计、薪酬、提名等专门委员会,充分发挥其作用,强化对经营层的监管。特别是,在我国国有电信企业中要发挥外部董事的积极作用。外部董事(独立董事)的定义是与本公司无关(不是本公司职员)的董事会成员,他们有些是其他公司富有经验的领导人，有些是机构投资者的代表，有些是大学教授或社会知名人士。外部董事的重要性在于他们能够在决策上为公司提出比较公允的意见。他们集专家化、知识化、权威化于一身，为保持良好的声誉，敢于对董事会或经理人员损害公司利益的行为提出异议，甚至包括提出撤换董事长、总经理这类决议。这在一定程度上可以使董事会减少被内部人所随意操纵的危险，从而使其决策更加符合股东利益。一般来说，选择、监督和激励高层经理人员以及对公司财务经常性审计的权力应由外部董事掌握。在这方面，中国电信企业也早已做过一些尝试。前些年中国网通的一份招股说明书公布，网通股份有限公司将任命一个14人组成的董事会：公司原来的高管张春江、田溯宁、张晓铁和苗建华等出任上市公司的执行董事；新闻集团的董事长兼首席执行官、"传媒大王"鲁珀特·默多克（Rupert Murdoch）担任非执行董事，兼任内部薪酬委员会主席；曾在高盛集团担任副总裁的约翰·桑顿（John Thornton）、中科院副院长严义埙、美国伯克利加州大学教授钱颖一、香港著名实业家查懋成、香港审计界知名人士钟瑞明以及中科建董事长侯自强等则将担任独立董事，桑顿同时是审计委员会及内部薪酬委员会的成员。这里，默多克和桑顿的加入尤其引人注目，因为他们均是享誉全球的职业经理人。

同时，还要改变目前电信公司中监事会作用发挥不够的局面，充分发挥监事会的监督作用。在人员结构上，监事会中既要有一定的党组织成员进入，也要有一定比例的职工代表进入。当然，进入的成员要具备合理的知识或技能结构。同时要赋予监事会充分的监督权。如在检查公司财务状况时，赋予其必要时有聘请律师、注册会计师提供服务的权利，明确赋予监事会代表公司对侵犯公司利益的董事、经理提起诉讼的权利等。

另外还应进一步规范经理阶层的报酬，使其实际收入显性化和货币化。报酬显性化是指尽可能取消电信公司经理层所拥有的"控制权收益"，使其报酬以制度化、公开化的方式体现出来，避免其应得收入与非法收入混淆起来。同时其报酬表现形式应以货币或股酬形式为主。这有助于增强激励效应，规范经理人员的行为，进而促进公司的良性发展。为使董事会成员的报酬与公司的盈利能力直接挂钩，国外广泛运用股票期权的方式，即让董事有权在特定日期之前以一定价格购买一定数量的公司股票，并在规定期限后才可以兑现，以此作为公司的报酬。在美国，股票期权计划已广泛扩展到公司的管理层和一般员工。

二、规范政府对国有控股企业的干预行为

需要强调的是，在市场竞争结构基本形成后，政府的干预要尽可能限于《公司法》所规定的股东权利范围之内。这是提高国有企业绩效最关键的一点，也是最难做到的一点。目前我国主要电信运营企业都已经成为上市公司，但由于集团公司都是绝对的控股股东，所以若想要让公司内外的各种机制更好地对企业发挥有效的约束作用，就要避免集团公司越权干预其控股上市公司的董事会和执行层的企业经营行为。国家作为控股股东，应该严格遵守《公司法》的规定，仅在股东大会和董事会上行使权力。在这方面，国有经济运营良好的新加坡给我们提供了一些经验。

第二节 以电信业为例的股权多元化分析

我国电信业等一些基础设施产业公司治理结构低效的一个重要原因在于国有股的"一股独大"且制衡机制不足。要解决这一问题,需要推进产权改革,促进股权多元化,并在此基础上完善相关的约束和制衡机制。

一、保持国有资本的控股地位是前提

通过股权多元化来实现公司内部的有效约束需要国内民营资本、外资和其他公共机构在公司股份中占有适当的份额。国外电信企业产权改革的主要形式就是国有企业民营化。在我国电信业,进一步引入民营资本和外资也是未来的一个发展方向,但中国的基本经济制度和电信业目前的发展阶段以及民营资本现阶段的发展特点都决定了在今后相当长的一段时间中,民营资本都不可能取代国有资本而在我国电信业居主导地位。"入世"至今,人们普遍担心的国外资本大规模进入我国电信业的现象并没有出现。这固然和现阶段我国的具体国情有关,但从长远来看,我们也不太可能让外资主导我国电信业。事实上,世界上大多数发达国家和发展中国家在电信业对外开放过程中,都有条件地引入外资,即对外资的进入施行各种限制,使其难以控制本国的电信业。所以,在未来相当长的一段时间内,国有资本控股我国电信等基础设施产业的产权现状将不会改变,尽管在国有控股的前提下产权将日益走向多元化。在引入外部市场竞争的同时,逐步完善公司治理结构,完全可以使国有资本控股情

况下的我国电信等基础设施投资企业取得世界一流的经营绩效。

电信等基础设施企业在今后一段时间内还将保持国有股"一股独大"的原因：第一，在绝大多数产业中，国有股退出或减持的起点是国有资本拥有企业100%的股份，所以即使政府确实想尽快退出（包括部分退出），国有股减持也需要一个过程。在电信等基础性、战略性和前导性的产业中，国有资本就更不能过快退出。至少在一个相当长的时间内还应保持国有资本的绝对控股地位。第二，我国国有企业改革的过程中往往同时担负着发展的任务，这也影响着国有资本的退出速度。第三，要把几亿甚至几十亿的国有股份短时间内转让出去，需要非公有经济的充分发展和资本市场的较好发育。而在我国，非公有经济的充分发展和资本市场的发育成熟都需要一个过程。

在新加坡，国有资本就一直在控制着电信业，但新加坡电信业也取得了良好的经营绩效。尽管由于放松管制、科技进步等全球化趋势造成了电信业的动荡和利润下滑，但由于国家所有制与一些特定的背景因素相结合，新加坡电信成为保持世界一流绩效的成功案例。这些背景因素包括新加坡电信明确了以效率为中心的公司战略，将改善基础设施作为一项促进国民经济发展的长期国家政策，以及一个充满活力的经济和制度环境。从1960年代到1990年代中期，新加坡经济高速增长，年平均增长率超过8%，这其中，国家基础设施功不可没，因为一般来说，基础设施的质量是经济发展的决定性因素之一。考虑到对电信部门的发展和控制具有战略利益，以及任由国外信息自由传递可能带来负面社会影响，研究人员赞成有限的民营化，这样可以确保新加坡电信继续控制电信的基础设施。在那里，民营化的主要目的是增强新加坡电信的适应性，为应对全球竞争和技术进步的挑战做好准备。虽然由于电信业在国民经济中的基础性、战略性和先导性作用，从整个产业的角度来看国有资本必须维持在电信业的关键控制力，但从单一的企业来讲，国有资本不一定控股。

二、向社会出售合理比例的股份

世界上绝大多数国家早期的电信网和电信企业是国营的，但以后随着各种经济、政治形势的变化，很多国家的电信业都开始推进民营化。事实上，在电信民营化的背后，存在着各种各样的动机。例如，有的是想提高企业经营效率和更方便地融资，有的是想为政府筹集资金（通常是为了减少债务）等。

（一）对外资出售适当比例的股份

一般来说，国有电信企业股份制改造过程中应考虑到三方面的问题：技术、资本和政治约束。从技术和资本的角度考虑，应该引入适当的国外股份。电信企业需要大量的资本注入，雄厚的国外资本可较好地解决这一问题。在中国目前，还比较缺乏精通电信业务经营管理的投资者或管理人才。另外，外资的进入也是向我国转让技术的一条有效途径。特别是在国际电信市场竞争日益激烈的今天，加强与国外资本的合作就更为重要。更重要的是，外资的进入有利于我国电信企业公司治理问题的改善。但因为电信行业在国民经济中的重要性，从政治的角度考虑，应该让国有资本掌握控股权，同时还应大力引入国内投资者。

（二）使机构股东、民营资本持有适当比例的股份

与社会公众股中的小股东相比，机构股东、民营资本股东对促进公司治理结构完善的作用一般更大一些。他们作为资本市场的活

跃因素，能够从自己的资本收益增进的角度出发，通过行使股东权利参与公司决策，推进公司治理机制的完善。而且这一类股东也可以担负起相对专业化的监督职责。而社会公众股中的小股东由于其影响决策的程度和能力有限，可能存在所谓的理智的冷漠（rational apathy），并不十分关注企业的运营，或者采取所谓搭便车（free-rider）的态度。中国人口众多，社保基金、保险基金庞大，要吸收和鼓励社保基金、保险基金等机构投资者入股。早在"十一五"期间，根据入世的承诺，我国应当给予外资"国民待遇"，准许其有条件进入基础业务市场。在这种情况下，如果还对民营资本实施严格的进入限制显然是不应该的。所以应将多余份额的国有股向社会出售，鼓励民营资本认购。

我国的民营资本经过多年的发展，目前已形成多家有相当实力的民营企业，它们中的一部分在长期的发展过程中，形成了较为规范的投资理念，也积累了一些现代企业管理经验。民营资本进入电信市场且在市场中地位日益提高，是国外电信业的普遍现象。民营资本进入电信业也是我国国有电信企业完善公司治理结构的必由之路。允许民营资本参股电信业，一方面可以释放民营资本长期以来积累的投资能量，另一方面也有利于电信企业公司治理结构的完善和管理方式的改进。随着电信增值业务市场的逐渐繁荣，民间资本已经通过参股控股、合资、独资等多种方式参与到电信市场之中。但大多数企业仍然固守在增值业务领域，这些企业资产、收入和利润规模较小，对电信市场的发展方向影响不大。不过，电信领域的民营高科技企业是创新最为活跃的主体，全国早已有数千家之多。但目前民间资本参与电信市场的广度、深度仍受到电信市场准入政策、基础网络运营商的合作意愿以及企业和投资者自身实力的制约。

目前引入民间资本还面临着很多困难,所以引入效果仍不够好。在对外资开放前率先对民营资本开放,也有利于更好地迎接对外资开放后面临的挑战。电信业先对内开放,然后再对外开放,也是国际电信业开放的一般做法。

(三)鼓励其他国有机构、公共机构积极参股电信业

除了民营资本和外资以外,还应考虑引入属于不同管理主体的国有资本,即不属于国资委管理的国有资本。考虑到目前电信业的利润仍然较高,引入更多的国有投资主体,也有利于国有资产的保值增值。另外,成功的民营化也需要政府完善相关的规章制度并保证公正、公开的运作程序。新加坡民营化经验说明,在制度和规章完善的环境下,实施民营化会更成功。

三、促进竞争和分权应先于民营化

一些实践经验表明,仅仅进行民营化改革还不足以解决影响国有垄断企业绩效的所有内部问题。事实上,民营化改革只能解决一部分激励问题,即只能解决公司治理问题中的某些部分。尽管有一些学者认为,即使不考虑竞争因素,民营化也可能会提高效率,但许多学者更强调竞争对经济效率的促进作用。他们的结论是:在竞争性环境下,私人企业具有较高的效率,但如果不存在竞争,被管制的私人企业效率并不一定高于国有企业,也可能会低于国有企业。因此,在不存在竞争的领域实行民营化容易产生有害的影响[1]。而且,所有制的变革(民营化)可能会促进生产效率,但没有理由认

---

[1] Kay J. A., Thompson D. J., 1986, "Privatization: A policy in search of a rationale", The economic journal, 96: 18-32.

为它也会自动促进分配效率,因为分配效率是一个市场结构的函数,不是所有制的函数,民营化要促进分配效率就必须同时运用竞争政策以消除市场障碍①。

实际上,在足够的竞争或有效规制没有形成之前就对垄断企业实施私有化有可能只是以私有垄断代替了政府垄断,私有化后的垄断企业在损害消费者利益方面也许会更加严重,无助于社会福利水平的提高。而且,私有垄断企业一旦获得了既得利益,它就具有激励和能力维持其垄断地位,继而用政治或经济的手段影响甚至控制规制并压制竞争。一些学者指出,英国自然垄断产业民营化改革的一个沉重教训是:英国政府对民营化的热情过高,在制定民营化改革政策时,经常对竞争和管制政策的一些基本问题还没有进行必要的考虑就急于把整个国有产业转变为私人产业。由于急于对原来国有企业实行民营化,使后来对市场结构的调整,即把原来垄断性市场结构改变为竞争性市场结构遇到了很大的障碍,从而增加了政府管制体制进一步改革的难度②。俄罗斯等国家的一些相关经验也说明了这一点。因此我国电信业的民营化速度不宜过快,在大幅度出售政府股份之前应该先塑造出一个竞争性的市场格局并把政府的规制能力提高到一个必要的水平。

---

① Stephen J., Bailey, 1995, Public sector economics: Theory, policy and practice, London: Macmillan Press: 305-306.

② Vickers J., Yarrow G., 1988, Privatization: An economic analysis, Cambridge: The MIT Press: 315.

第三节　完善市场结构增强企业外部约束

这部分内容的主要部分已经在本书前面讨论基础设施产业中观投资质量时分析过了，所以这里仅作简单的补充性分析。这里仍以比较具有代表性的电信业为例。

第一，完善国内资本市场。它能够在为电信企业提供稳定的外部融资渠道的同时，通过公司产权结构的变化和一定程度上的信息披露来推动公司治理结构的完善。股价的升降会影响到对公司领导者的业绩评价，进而可影响到管理者个人职业前途。因此外部资本市场可对经理人员形成一定意义上的约束。近些年来随着几大基础运营商的纷纷上市，资本市场对电信企业的约束作用已经逐渐显现。例如，资本市场加强投资回报的要求使上市电信企业的经营策略逐步从追求规模扩张转向追求投资效益，近些年来我国电信业投资收入比经常呈现下降趋势的一个主要原因就是资本市场对投资回报要求加强的结果。

第二，增强外在产品市场的竞争程度，为企业施加必要的改制和创新压力。近期的一份研究就显示，综合来看，我国基础设施建设还有较大的潜力空间，但目前基础设施建设的着力点不应是单纯地追求投资数量增加和建设规模扩大，而是如何通过基础设施建设更多地拉动基础设施以外的劳动投入和资本增量增加以及促进劳动边际生产率和资本边际生产率提高。对于通信基础设施来说，对策之一仍是通过提高竞争程度以减少垄断造成的投资过度和资源使用效率低下现象，发挥市场在资源配置中的决定性作用[①]。这部分内容在前面分析基础设施产业中观投资质量时已有较多讨论，所以这里不再多述。这里也反映出了本书所界定的基础设施产业中观投资质量对微观投资质量的影响。

第三，培育和完善经理人市场。完善的外在经理人市场可在一定程度上有效约束经理人员的不良行为。首先，要改变主要从电信公司内部选拔主要经营者的规则，将选拔目标范围扩大到企业外部，对经理人员实行市场化选择。然后，要建立起严格的经营者任职资格制度、透明的经营者业绩考核制度和完善的公司业绩公开报告制度，有效约束经理人员的行为。在这方面，我国电信业也早已做出了一些尝试。例如，早在2003年，国资委就选择过中国联通和中国铝业等6家企业的副总经理和总会计师共7个岗位面向全球公开招聘，在经营管理者的市场化选聘方面迈出了重要步伐。此后，国资委又面向海内外公开招聘中国铁通副总经理。另外，还需要进一步提高电信等基础设施产业的监管效率等。

---

① 方福前、田鸽、肖寒：《基础设施对中国经济增长的影响及机制研究——基于扩展的Barro增长模型》，《经济理论与经济管理》，2020年第12期，第13—27页。

主要参考文献

一、中文书目

[1]［德］魏伯乐：《私有化的局限》，上海：上海人民出版社，2006年版。

[2] 毛增余：《斯蒂格利茨与转轨经济学》，北京：中国经济出版社，2005年版。

[3]［美］丹尼尔·F. 史普博：《管制与市场》，上海：上海三联书店、上海人民出版社，1999年版。

[4]［美］科斯、诺思、威廉姆森等：《制度、契约与组织——从新制度经济学角度的透视》，北京：经济科学出版社，2003年版。

[5]［美］约翰·N. 德勒巴克、约翰·V. C. 奈：《新制度经济学前沿》，北京：经济科学出版社，2003年版。

[6]［日］小宫隆太郎：《日本的产业政策》，北京：国际文化出版公司，1988年版。

[7] 世界银行：《1994年世界发展报告：为发展提供基础施（中文版）》，北京：中国财政经济出版社，1994年版。

[8]［美］史蒂文·N. 杜尔劳夫、劳伦斯·E. 布卢姆：《新帕尔格雷夫经济学大辞典》（第四卷），北京：经济科学出版社，1996年版。

[9]［英］戴维·M. 纽伯里：《网络型产业的重组与规制》，北京：

人民邮电出版社，2002年版。

[10] 张红凤：《西方规制经济学的变迁》，北京：经济科学出版社，2005年版。

[11] ［日］植草益：《微观规制经济学》，北京：中国发展出版社，1992年版。

[12] 周其仁：《产权与制度变迁：中国改革的经验研究》，北京：北京大学出版社，2004年版。

[13] 周其仁：《数网竞争：中国电信业的开放和改革》，北京：生活·读书·新知三联书店，2001年版。

[14] 朱金周：《电信竞争力——理论与实践》，北京：北京邮电大学出版社，2006年版。

[15] 朱金周：《电信竞争力——评价与对策》，北京：北京邮电大学出版社，2006年版。

二、中文期刊论文

[1] 安俊美：《民间资本参与社会养老服务提供的制度政策分析》，《财经理论研究》，2014年第1期。

[2] 蔡亮：《"一带一路"框架下日本对华合作的特征》，《东北亚学刊》，2018年第4期。

[3] 蔡荣鑫：《"包容性增长"理念的形成及其政策内涵》，《经济学家》，2009年第1期。

[4] 钞小静、廉园梅、罗鎏锴：《新型数字基础设施对制造业高质量发展的影响》，《财贸研究》，2021年第10期。

[5] 钞小静、薛志欣：《新型信息基础设施对中国企业升级的影响》，《当代财经》，2022年第1期。

[6] 陈洁华：《日本国家垄断企业的民营化》，《世界经济》，1988年

第 2 期。

［7］陈美、罗亮：《中国网络型公用事业市场化背景下的公司治理问题——以电信产业为例》，《管理评论》，2005 年第 4 期。

［8］陈明生、郑玉璐、姚笛：《基础设施升级、劳动力流动与区域经济差距》，《经济问题探索》，2022 年第 5 期。

［9］陈涛、肖云：《民办养老机构服务人员培育的障碍与对策》，《社会保障研究》，2013 年第 3 期。

［10］陈彦斌、陈小亮：《中国经济"微刺激"效果及其趋势评估》，《改革》，2014 年第 7 期。

［11］陈阳、王守峰、李勋来：《网络基础设施建设对城乡收入差距的影响研究——基于"宽带中国"战略的准自然实验》，《技术经济》，2022 年第 1 期。

［12］程文、张建华：《收入水平、收入差距与自主创新——兼论"中等收入陷阱"的形成与跨越》，《经济研究》，2018 年第 4 期。

［13］崔成、牛建国：《日本的基础设施建设及启示》，《中国经贸导刊》，2012 年第 8 期。

［14］邓磊、杜爽：《我国供给侧结构性改革：新动力与新挑战》，《价格理论与实践》，2016 年第 1 期。

［15］丁梦：《从高铁外交审视中日两国在东南亚的竞争》，《学术探索》，2017 年第 10 期。

［16］丁学娜：《民办非营利养老机构的政府补偿机制研究》，《中州学刊》，2012 年第 11 期。

［17］董红亚：《基于主体弱势化的民办养老机构发展研究——以浙江省为例》，《中州学刊》，2013 年第 5 期。

［18］杜志雄、肖卫东、詹琳：《包容性增长理论的脉络、要义与政策内涵》，《中国农村经济》，2010年第11期。

［19］范合君：《放松规制对垄断产业收入影响的理论与实证研究》，《财经问题研究》，2010年第8期。

［20］范合君、吴婷：《新型数字基础设施、数字化能力与全要素生产率》，《经济与管理研究》，2022年第1期。

［21］樊丽明、石绍宾：《技术进步、制度创新与公共品市场供给——以中国基础设施发展为例》，《财政研究》，2006年第2期。

［22］范西莹：《政策性支持对于我国民办养老机构发展的推助作用分析》，《甘肃理论学刊》，2013年第11期。

［23］方福前、田鸽、肖寒：《基础设施对中国经济增长的影响及机制研究——基于扩展的Barro增长模型》，《经济理论与经济管理》，2020年第12期。

［24］高翔、龙小宁、杨广亮：《交通基础设施与服务业发展》，《管理世界》，2015年第8期。

［25］关信平、赵婷婷：《当前城市民办养老机构发展中的问题及相关政策分析》，《西北大学学报（哲学社会科学版）》，2012年第5期。

［26］郭朝先、徐枫：《新基建推进"一带一路"建设高质量发展研究》，《西安交通大学学报（社会科学版）》，2020年第9期。

［27］郭金花、郭檬楠、郭淑芬：《数字基础设施建设如何影响企业全要素生产率？——基于"宽带中国"战略的准自然实验》，《证券市场导报》，2021年第6期。

［28］郭凯明、潘珊、颜色：《新型基础设施投资与产业结构转型升

级》,《中国工业经济》,2020年第3期。

[29] 郭鹏飞、曹跃群:《中国经济基础设施资本回报率:测算、分解及影响因素》,《当代财经》,2020年第10期。

[30] 郭鹏飞、胡歆韵、李敬:《中国网络基础设施资本回报率的区域差异与空间收敛性研究》,《数量经济技术经济研究》,2022年第1期。

[31] 郭彦卿、杨峥:《京津冀基础设施建设、城镇层级体系与高技术产业集聚》,《产业经济评论》,2016年第3期。

[32] 何玉梅、赵欣灏:《新型数字基础设施能够推动产业结构升级吗——来自中国272个地级市的经验证据》,《科技进步与对策》,2021年第17期。

[33] 华黎:《农村养老保险的财政学分析:基于城乡社会保障统筹视角》,《财政研究》,2010年第3期。

[34] 黄海杰、吕长江、Edward Lee:《"4万亿投资"政策对企业投资效率的影响》,《会计研究》,2016年第2期。

[35] 黄森:《交通基础设施空间建设差异化影响了中国经济增长吗——基于2001—2011年中国31个省(市、自治区)数据的实证分析》,《贵州财经大学学报》,2015年第3期。

[36] 黄书雷、方行明、鲁玉秀等:《交通和信息基础设施对经济增长的影响机制、效应评估和路径优化研究》,《经济问题探索》,2021年第10期。

[37] 黄卫平、刘一姣:《竞合:经济全球化发展的一种新格局趋势》,《中国人民大学学报》,2012年第2期。

[38] 胡鞍钢、周绍杰、任皓:《供给侧结构性改革——适应和引领中国经济新常态》,《清华大学学报(哲学社会科学版)》,

2016 年第 2 期。

[39] 霍旭领、敬莉：《交通基础设施对全要素生产率的溢出效应分析——以新疆为例》，《新疆大学学报（哲学·人文社会科学版）》，2014 年第 5 期。

[40]［日］吉松秀孝：《中日竞争的新动态：持续的亚洲基础设施建设》，《国外社会科学》，2018 年第 5 期。

[41] 姜百臣、马少华、孙明华：《社会保障对农村居民消费行为的影响机制分析》，《中国农村经济》，2010 年第 11 期。

[42] 姜巍：《"一带一路"沿线基础设施投资建设与中国的策略选择》，《国际贸易》，2017 年第 12 期。

[43] 姜卫民、范金、晓兰：《中国"新基建"：投资乘数及其效应研究》，《南京社会科学》，2020 年第 4 期。

[44] 金环、魏佳丽、于立宏：《网络基础设施建设能否助力企业转型升级》，《产业经济研究》，2021 年第 6 期。

[45] 金江：《交通基础设施与经济增长——基于珠三角地区的空间计量分析》，《华南师范大学学报（社会科学版）》，2012 年第 2 期。

[46] 金仁淑：《中日对东盟投资比较及中国的策略——"一带一路"倡仪下的新考量》，《现代日本经济》，2017 年第 6 期。

[47] 金晓彤、路越：《互联网基础设施建设与农村居民增收》，《当代经济管理》，2022 年第 1 期。

[48] 李涵、滕兆岳、伍骏骞：《公路基础设施与农业劳动生产率》，《产业经济研究》，2020 年第 4 期。

[49] 李慧玲、徐妍：《交通基础设施、产业结构与减贫效应研究——基于面板 VAR 模型》，《技术经济与管理研究》，2016

年第 8 期。

[50] 李克：《电信业改革：新加坡的经验》，《经济社会体制比较》，2004 年第 6 期。

[51] 李涛、胡菁芯、冉光和：《基础设施投资与居民消费的结构效应研究》，《经济学家》，2020 年第 11 期。

[52] 连太平：《财政政策有效支持供给侧改革的问题研究》，《西南金融》，2016 年第 6 期。

[53] 梁斌、周晔馨：《基于 DSGE 模型的财政刺激政策效果分析——以"四万亿投资"为例》，《经济学报》，2017 年第 12 期。

[54] 林毅夫、蔡昉、李周：《国有企业改革的核心是创造竞争的环境》，《改革》，1995 年第 3 期。

[55] 刘秉镰、武鹏、刘玉海：《交通基础设施与中国全要素生产率增长》，《中国工业经济》，2010 年第 3 期。

[56] 刘传明、马青山：《网络基础设施建设对全要素生产率增长的影响研究——基于"宽带中国"试点政策的准自然实验》，《中国人口科学》，2020 年第 3 期。

[57] 刘峰、邹鹰：《试论我国民办养老机构发展过程中的政府作用》，《社会工作》，2004 年第 12 期。

[58] 刘红：《"一带一路"框架下中日合作路径探析》，《东北亚论坛》，2019 年第 3 期。

[59] 刘洪钟、丁文喻：《中日在亚洲的基础设施投资：竞争与合作》，《辽宁大学学报（哲学社会科学版）》，2019 年第 1 期。

[60] 刘雅君、蒋国梁：《网络基础设施建设推动了城市数字经济发展吗？》，《求是学刊》，2022 年第 3 期。

[61] 刘勇:《交通基础设施投资、区域经济增长及空间溢出作用》,《中国工业经济》,2010年第12期。

[62] 刘渝琳、梅斌:《行业垄断与职工工资收入研究》,《中国人口科学》,2012年第1期。

[63] 罗楚亮、李实:《人力资本、行业特征与收入差距》,《管理世界》,2007年第10期。

[64] [美]罗杰·G.诺尔:《发展中国家的电信业改革》,载孙宽平主编:《转轨、规制与制度选择》,北京:社会科学文献出版社,2004年版。

[65] 罗良文、潘雅茹、陈峥:《基础设施投资与中国全要素生产率——基于自主研发和技术引进的视角》,《中南财经政法大学学报》,2016年第1期。

[66] 罗斯炫、何可、张俊飚:《改革开放以来中国农业全要素生产率再探讨——基于生产要素质量与基础设施的视角》,《中国农业经济》,2022年第2期。

[67] 骆永民、骆熙、汪卢俊:《农村基础设施、工农业劳动生产率差距与非农就业》,《管理世界》,2020年第12期。

[68] 马莉莉、费园梅、谢钦:《消费环境对我国消费增长影响的实证研究——基于省际动态面板数据的系统GMM分析》,《湖北社会科学》,2017年第2期。

[69] 马庆堃、魏彦彦:《浙江省民办养老机构的发展困境与对策》,《中国老年学杂志》,2014年第23期。

[70] 马青山、何凌云、袁恩宇:《新兴基础设施建设与城市产业结构升级》,《财经科学》,2021年第4期。

[71] 马学礼、刘娟:《日本基础设施海外输出战略及其与"一带一

路"对接研究》,《日本问题研究》,2019 年第 2 期。

[72] 穆光宗:《我国机构养老发展的困境与对策》,《华中师范大学学报（人文社会科学版）》,2012 年第 5 期。

[73] 楠玉、袁富华、张平:《论当前我国全要素生产率的提升路径》,《上海经济研究》,2017 年第 3 期。

[74] 聂昌腾:《网络基础设施与农村居民消费：理论机制与经验证据》,《调研世界》,2022 年第 8 期。

[75] 潘雅茹、顾亨达:《新型基础设施投资对服务业转型升级的影响》,《改革》,2022 年第 7 期。

[76] 潘雅茹、罗良文:《基础设施投资对经济高质量发展的影响：作用机制与异质性研究》,《改革》,2020 年第 6 期。

[77] 庞德良:《论日本公共投资困境与经济衰退长期化》,《财贸经济》,2002 年第 2 期。

[78] 彭继权、秦小迪:《21 世纪以来农业基础设施减贫效应研究》,《中国农业资源与区划》,2022 年第 1 期。

[79] 彭树宏:《中国垄断行业与非垄断行业收入决定机制差异》,《中南财经政法大学学报》,2012 年第 6 期。

[80] 朴馥永:《以经济转型跨越"中等收入陷阱"——来自韩国的经验》,《经济社会体制比较》,2013 年第 1 期。

[81] 冉光和、李涛:《基础设施投资对居民消费影响的再审视》,《经济科学》,2017 年第 6 期。

[82] 申洋、郭俊华、程锐:《交通基础设施改善能促进居民消费吗》,《商业经济与管理》,2021 年第 1 期。

[83] 施锦芳、李博文:《中日在"一带一路"沿线国家贸易与投资现状评析——兼论推进中日经贸合作新思路》,《日本问题研

究》，2019年第2期。

[84] [美] 斯科特·沃尔斯顿：《在规制和民营化之间：改革的顺序选择》，《经济社会体制比较（双月刊）》，2003年第3期。

[85] 宋琪、汤玉刚：《中国的城市基础设施供给"过量"了吗？——基于资本化视角的实证检验》，《经济问题探索》，2015年第7期。

[86] 苏靖丹、伍迪、王守清等：《我国社会资本参与基础设施PPP项目的主要顾虑研究》，《建筑经济》，2021年第8期。

[87] 苏治、李媛、徐淑丹：《"结构性"减速下的中国投资结构优化：基于4万亿投资效果的分析》，《财政研究》，2013年第1期。

[88] 随洪光、周瑾、张媛媛等：《基础设施投资仍然是有效的扩张性工具吗？——基于增长质量视角的流量分析》，《经济评论》，2022年第1期。

[90] 孙久文、姚鹏：《京津冀产业空间转移、地区专业化与协同发展——基于新经济地理学的分析框架》，《南开学报（哲学社会科学版）》，2015年第1期。

[91] 孙文杰、严文沁：《我国通信基础设施对城乡收入差距的影响研究》，《中国经济问题》，2021年第6期。

[92] 孙早、杨光、李康：《基础设施投资促进了经济增长吗》，《经济学家》，2015年第8期。

[93] 陶纪坤：《西方国家社会保障制度调节收入分配差距的对比分析》，《当代经济研究》，2010年第9期。

[94] 田正、武鹏：《供给侧结构性改革的路径：日本的经验和启示》，《日本学刊》，2019年第3期。

［95］王朝才：《日本 90 年代以来的财政政策》，《财政研究》，2002年第 7 期。

［96］王惠贤、李宏舟：《民营化改革后铁路行业的价格规制及线路维持——以日本为例》，《财经论丛》，2014 年第 1 期。

［97］王军：《中国农村社会保障制度建设：成就与展望》，《财政研究》，2010 年第 8 期。

［98］王俊豪：《论有效竞争》，《中南财经大学学报》，1995 年第 5 期。

［99］王立军：《日本电信事业民营化及其启示》，《日本研究》，1999 年第 1 期。

［100］王文彬、廖恒：《新型基础设施如何影响粤港澳大湾区经济一体化发展——基于空间溢出效应的视角》，《财经科学》，2022 年第 8 期。

［101］王新建、唐灵魁：《"包容性增长"研究综述》，《管理学刊》，2011 年第 1 期。

［102］王跃生：《国有企业的效率、竞争与民营化——日本、加拿大国铁案例的再讨论》，《经济科学》，1997 年第 4 期。

［103］王哲琦、杨兰品：《国有垄断性基础设施产业分配制度中存在的问题、改革障碍及调整对策》，《经济与管理研究》，2014 年第 1 期。

［104］卫梦星：《"4 万亿"投资的增长效应分析——"反事实"方法的一个应用》，《当代财经》，2012 年第 11 期。

［105］魏下海：《基础设施、空间溢出与区域经济增长》，《经济评论》，2010 年第 4 期。

［106］伍迪、陈海清、王守清：《民间投资基础设施项目的资本结构

影响因素研究》,《建筑经济》,2021年第6期。

[107] 吴福象、沈浩平:《新型城镇化、基础设施空间溢出与地区产业结构升级——基于长三角城市群16个核心城市的实证分析》,《财经科学》,2013年第7期。

[108] 吴立军、曾繁华:《后危机时代中国经济增长的稳态路径研究——基于四万亿投资冲击下的偏离与均衡》,《当代财经》,2012年第1期。

[109] 吴明娥:《中国农村基础设施投入促进农民增收了吗?——基于结构性、空间性和异质性的三维视角》,《经济问题探索》,2022年第8期。

[110] 吴溪:《"公建民营"模式在养老服务中的探索》,《统计科学与实践》,2014年第9期。

[111] 谢海军、翟印礼:《辽宁省农业基础设施水平与农村经济增长》,《农业技术经济》,2008年第4期。

[112] 谢文、吴庆田:《农村社会保障支出对农村居民消费的影响的实证研究》,《财经理论与实践》,2009年第9期。

[113] 徐宝亮、刘震、邓宏图:《基础设施资本与经济增长——"倒U型"理论的经济逻辑与中国经验证据》,《南开经济研究》,2022年第3期。

[114] 许庆明、胡晨光、刘道学:《城市群人口集聚梯度与产业结构优化升级——中国长三角地区与日本、韩国的比较》,《中国人口科学》,2015年第1期。

[115] 徐淑丹:《新常态下中国政府投资结构之研判:兼论财政政策的效力与可持续性》,《经济评论》,2016年第1期。

[116] 徐扬、刘育杰:《数字化基础设施建设与企业技术创新——基

于"宽带中国"示范城市政策的经验证据》,《南京财经大学学报》,2022年第4期。

[117] 徐英洁、余国新:《信息基础设施、居民消费与经济增长》,《商业经济研究》,2021年6期。

[118] 徐永慧、李月:《跨越中等收入陷阱中全要素生产率的作用及比较》,《世界经济研究》,2017年第2期。

[119] 杨伟民:《适应引领经济发展新常态 着力加强供给侧结构性改革》,《宏观经济管理》,2016年第1期。

[120] 叶昌友、王遐见:《交通基础设施、交通运输业与区域经济增长》,《产业经济研究》,2013年第2期。

[121] 叶林祥、李实、罗楚亮:《行业垄断、所有制与企业工资收入差距——基于第一次全国经济普查企业数据的实证研究》,《管理世界》,2011年第4期。

[122] 余芳东:《世界主要国家居民收入分配状况》,《中国统计》,2012年第10期。

[123] 于良春、门琦:《我国行业垄断与收入差距的实证分析》,《财经论丛》,2013年第1期。

[124] 袁航、夏杰长:《数字基础设施建设对中国服务业结构升级的影响研究》,《经济纵横》,2022年第6期。

[125] 岳希明、李实、史泰丽:《垄断行业高收入问题探讨》,《中国社会科学》,2010年第3期。

[126] 张辉、王庭锡、孙咏:《数字基础设施与制造业企业技术创新》,《上海经济研究》,2022年第8期。

[127] 张杰、王文凯:《公路基础设施对中国城乡居民收入差距的影响与机制》,《郑州大学学报(哲学社会科学版)》,2021年

第 4 期。

[128] 张培丽、陈畅：《经济增长框架下的基础设施投资研究》，《经济学家》，2015 第 3 期。

[129] 张莎莎、郑循刚、张必忠：《交通基础设施、空间溢出与农村减贫》，《浙江农业学报》，2021 年第 3 期。

[130] 张勋、万广华：《中国的农村基础设施促进了包容性增长吗？》，《经济研究》，2016 年第 10 期。

[131] 张亦然：《基础设施减贫效应研究》，《经济理论与经济管理》，2021 年第 2 期。

[132] 张原：《中国行业垄断的收入分配效应》，《经济评论》，2011 年第 4 期。

[133] 赵瑾：《日本公共投资：90 年代投资低效的原因、改革方向及启示》，《日本学刊》，2014 年第 6 期。

[134] 赵星：《新型数字基础设施的技术创新效应研究》，《统计研究》，2022 年 4 期。

[135] 郑世林、周黎安、何维达：《电信基础设施与中国经济增长》，《经济研究》，2014 年第 5 期。

[136] 朱琳、罗宏翔：《交通基础设施建设影响区域经济差距的特征、机理及其实证研究》，《云南财经大学学报》，2022 年第 3 期。

三、英文文献

[1] Aschauer D. A., 1989, "Is public expenditure productive", Journal of monetary economics, 23: 177-200.

[2] Barro R. J., Lee J., 1993, "International comparisons of educational attainment", Journal of monetary economics, 32 (3):

363-394.

[3] Barro R. J., 2002, "Quantity and quality of economic growth", Santiago de Chile: Banco Central de Chile.

[4] Barro R. J., Lee J., 2013, "A new data set of educational attainment in the world, 1950-2010", Journal of development economics, 104: 184-198.

[5] Bergeaud A., Gilbert C., Remy L., 2018, "The role of production factor quality and technology diffusion in Twentieth-century productivity growth", Journal of historical economics and econometric history, 12 (1): 61-97.

[6] Cahen M., 2010, "The productive effect of transport infrastructures: does road transport liberalization matter", Journal of regulatory economics, 38 (1): 27-48.

[7] Chen S., Lan X., 2020, "Tractor vs. animal: rural reforms and technology adoption in China", Journal of development economics, 147: 1-10.

[8] Datta A., Agarwal S., 2004, "Telecommunications and economic growth: a panel data approach", Applied economics, 36: 1649-1654.

[9] Ellis F., 2000, Rural livelihoods and diversity in developing countries, Oxford: Oxford University Press.

[10] Hardy A. P., 1980, "The role of the telephone in economic development", Telecommunications policy, 4: 278-286.

[11] Jaffee D., 2019, "Neoliberal urbanism as 'strategic coupling' to global chains: Port Infrastrcture and the role of economic impact

studies", Environment and planning Politics and Space, 37 (1): 119-136.

[12] Laffont J. J. , 2002. , Incentives and political economy, Oxford: Oxford University Press.

[13] Laffont J. J. , Martimort D. , 2002, The theory of incentives, Princeton: Princeton University.

[14] Matsumura T. , Ogawa A. , 2010, "On the robustness of private leadership in mixed duopoly", Australian economic papers, 49 (2): 149-160.

[15] Norton S. W. , 1992, "Transaction costs, telecommunications, and the microeconomics of macroeconomic growth", Economic development and cultural Change, 41: 175-196.

[16] OECD, 1997, OECD report on regulatory reform, Paris: OECD.

[17] OECD, 1999, OECD review of regulatory reform in the United States, Paris: OECD.

[18] Oum T. H. , Yu C. , 1994, "Economic efficiency of railroad and implications for public policy", Journal of transport economics and policy, 28: 131-138.

[19] Tirole J. , 1988, The theory of industrial organization, Cambridge: MIT Press.

[20] Vicente G. S. , Hector A. , Barajas B. , 2014, "The nexus between infrastructure investment and economic growth in the Mexican urban Area", Modern economy, 13 (5): 1208-1220.

[21] Vickers J. , Yarrow G. , 1988, Privatization: an economic analy-

sis, Cambridge: MIT Press.

[22] World Bank, 1994, World development report 1994: infrastructure for development, Oxford: Oxford University Press.